Dominic Diamant

POEME BOEME

Dominic Diamant

POEME BOEME

-comise la vârsta a treia-
-postoctogenară-

Coperta: Ion Vincent Danu

ISBN: 978-0-359-55843-8

CONFESIUNE

      Oricâtă poezie aş mai scrie
De tot ce mişcă-n lume inspirat
Din punctu-mi de vedere e-o manie
Ce m-a cuprins şi m-a transfigurat
          Nu pot gândi, visa ori să contemplu
Ceva ce mă-nfioară că instant
Mă văd în poezie ca-ntr-un templu
Miraculos, fecund, iradiant
          Şi tot ce se petrece-aici cu mine
E ca un rol sub vraja unui vis
Pe care-l joc atât cât îmi convine
Să fiu convins că nu m-am compromis
          De câte ori o nouă poezie
Mă ispiteşte iar să mă exprim
Trăiesc acelaşi vis cu-o frenezie
Ducându-mă la un extaz sublim
          Ca să realizez că viaţa-mi toată
E un şirag de vise-n care ard
Ca flacăra-mi divină să se scoată
În epopeea-mi unică de bard.

          ♦♦♦

MESAJ AMICAL

Distinsului meu confrate
amărăștean și planetar
Alexandru Cetățeanu:

    Prin câte spații te-ai mai perindat
Și câte galaxii ai cunoscut
De nici un semn de viață n-ai mai dat
Periplu-ți rămânând necunoscut ?
    Puteam să jur că, om realizat,
Te-ai liniștit și ți-ai găsit un loc
În care, împăcat, ai răsuflat
Și te-ai felicitat de-atât noroc
    Credeam că n-o să fii atât de bun

Şi veşnic ahtiat iscoditor
Încât să-ţi laşi imperiul străbun
Pentru un rol de mare viitor
      Cât de naiv voi fi putut să fiu
Te-am cunoscut, monşer, aşa puţin
Să înţeleg atâta de târziu
Periplul tău năstruşnic şi divin
      Distrugător de limite, ai spart
Prea strâmtul cerc în care ai crescut
Şi, cucerind un spaţiu de brocart,
Ţi-ai tras un univers necunoscut
      Te-ai instalat în el triumfător
Cu dragostea pe care ai mizat
Ca să priceapă orice muritor
Că nu te-ai rătăcit şi-ai câştigat
      Aflând misterul, ce-aş putea să spun ?
Jos pălăria, om neînfricat !
Se vede clar că doar fiind nebun
Poţi fi un om întreg şi-adevărat.

CU BUZELE UMFLATE

Aceluiași distins confrate A.C.
La apariția revistei pe sept.2017-martie 2018.

   Am urmărit „Destine literare"
Cu sufletul la gură, să constat
Că, mă și mir de trista întâmplare,
De data asta n-am fost onorat
    Eram nerăbdător să văd ce face
Distinsul meu amic amărăștean
Ce-mi promisese că mă satisface
În calitatea mea de curcănean
    Nu știu de ce, să aflu cu mirare
Că în revistă nu am apărut
Dar trebuie să spun, chiar dacă doare
Că lipsa mea din pagini m-a durut
    Era o mângâiere pentru mine
Știind că timpul mi-a cam expirat
N-a fost să fie, nu e o rușine
Dar voi pleca de-aici neîmpăcat

♦♦♦

PSALM

Admir capacitatea infinită
A vieții de-a renaște chiar din scrum
Și a putea mesajul să-și trimită
În veșnicia clipei de acum
    E un miracol care mă-mpresoară
Atât de enigmistic și fecund
Că sunt etern uimit ca prima oară
Și tot etern mă zbat să îl pătrund
    Mă scald în revărsarea de lumină
Și frumusețe și mă înfior
De tulburarea care mă domină
Cuprins de-atâta vis și-atâta dor
    O, Doamne, dacă nu-Ți văd fața cum e
Și cum ai hărăzit al meu destin
Mă-nvrednicesc cu psalmii scriși anume
Întreaga existență să-ți închin
    Nu văd o mai înaltă împlinire
Ca opera pe care Ți-o dedic
Încununând iubire din iubire
Cu visul meu, mai mult decât nimic.

♦♦♦

VEŞNICA NEDUMERIRE

      Doamne, mă iartă că nu ştiu
Care e rolul Prostiei
În Bâlciul Deşertăciunilor
Cine o face atât
De activă-puternică
Încât o vedem permanent
Cum, aprigă, tună şi fulgeră
Vrednică, taie şi spânzură
Fără ca vreo rivală
Să i se poată opune
      Doamne, mă simt siderat
Lipsit de orice-apărare
În faţa acestei fantastice
Scorpii ce face ravagii.
      Dă-mi tu puterea măcar
O dată s-o scald cu o flegmă.
Şi să o văd umilită
De tot oprobiul lumii.
      ♦♦♦

RECULEGERE

    Doamne, iartă-mă că
Şi în trezie, şi în somnie
Sunt atât de năstruşnic
Că vorbesc doar în versuri
    Doamne, visele mele
Se leagă-ntr-un mod epopeic
Doar pentru că Tu
M-ai hărăzit cu puterea
De-a scrie în versuri
Despre această Vale a Plângerii
Despre Bâlciul Deşertăciunilor
Şi despre toate zădărniciile
În care ne irosim.
    Îndurarea şi suferinţele mele
Agonia destinului meu
Niciodată-mplinit
Nu ştiu cum se-mpletesc
Prin ce farmec se leagă
Încât îmi dau seama
Că nu este om fericit
Ca mine, umilul şi neisprăvitul
    Doamne, din somnu-mi trezit
Lasă-mă ca închinăciune
Acest mesaj să-Ţi trimit.

♦♦♦

ROMANTICĂ

   Iubito, pe unde în taină tu treci
Dezlănțui miresme de-un farmec divin
Și scrii invizibile, tandre poteci
Pe care mă pierd și fantastic devin
   Pe unde te dărui în dans levitând
Explozii florale de vis izbucnesc
Cu dulci emanații de dor și de gând
Ce-nalță tot freamătul pur omenesc
   Iubito, de sufăr de-un dor infinit
În brațele tale-ncercând să-l alin
Pe rugul fantastic și-ndumnezeit
Mă simt împlinit, nemurind și divin
   O, Doamne, sublimă-i creația Ta
Fecundă-i iubirea pe care-o-mplinești
În zbuciumu-i sacru eu viața mi-oi da
Cu toate păcatele mele firești.

ARDERE COMPLETĂ

    Când topârceanic, când filosofard
Din toți rărunchii mă aprind şi ard
Doar spiritul din mine dăinuind
În tainicul şi veşnicul colind
    Pe rugul propriu dacă mă consum
Indiferent de hramul meu postum
Doar cu lumina mea încerc s-alin
Întunecatul spaţiu carpatin
    Prin arderea-mi completă fără scrum
Mă distanţez de lumea de acum
Şi-n altă sferă flacăra-mi ridic
Ingenuu, fără teamă de nimic
    Şi-s fericit că pot să ard de tot
Din zarea lumii sufletul să-mi scot
Şi-ntreg, în universul nou creat
Să-mi etalez magia re-nviat.
    ♦♦♦

BALADA BUNULUI BEŢIV

      Ce bine, iubiţico, şi cât de inspirat
Mai procedezi, găsindu-ţi un alt însoţitor !
De-atâţia mici şi bere atâta m-am umflat
Că nu era departe ca, explodând, să mor
      Cât poţi să ţii la mine, minunăţia mea,
De mă-nţelegi ca nimeni când razna o apuc
Şi te descurci magnific, cum nici că aş putea
În starea mea precară de veşnic zăbăuc
      Invidia-i mănâncă pe fraierii din jur
Ei vor să ne dezbine, motive invocând
Când îţi cunosc ca nimenea sufletul cald şi pur
De care nici chiar moartea n-ar reuşi nicicând
      Când ghiujii mă provoacă
              şi-mi spun că mă traduci
De nu au loc de tine şi mă privesc de sus
De m-ai tăia, iubito, nu-i cred, sunt mameluci
Şi nu-nţeleg iubirea ce ne-a-nvăţat Iisus
      Ascultă tu la mine, eşti liberă să fii
Ce vrei, şi când te-apucă, şi unde îţi doreşti
Eu n-am văzut în trama eternei comedii
Un cuplu mai prielnic de stări dumnezeieşti.

♦♦♦

IUBIRE INFINITĂ

  Cum vă visam şi cum vă mai iubeam
În visu-mi nesfârşit de nopţi de-a rândul !
Ce se-ntâmpla cu mine, neam de neam
Nu a păţit, se sparie şi gândul
  Ca un cyborg stelar sau superman
Cu-abilităţi nicicum imaginate
Vă proiectam pe cosmicul liman
Astfel încât cădeaţi pe rând pe spate
  Şi-n focu-mbrăţişărilor arzând
Când nimeni nu se mai putea opune
Cream un univers de vis profund
Împresuraţi de stelele-n cunune
  O, ce orgii iubirii-i închinam
Cu cât entuziasm şi dăruire
Că se-auzea cum fructele pe ram
Pocneau, ca-n transă coapte, să ne-admire
  Travaliul ajuns la apogeu
Un infinit orgasm de voluptate
Desăvârşea extazul, încât eu
Mă răsfrângeam dumnezeiesc în toate
  …Acum mă-ntreb, eu însumi uluit,
Un câmp de flori mirific mă-nconjoară
Visat-am eu şi oare am iubit
Atâta frumuseţe să mă doară ?!?
  ♦♦♦

VINOVAT

        Tot ce pot spune-i că sunt vinovat
Că nu cunosc ce s-ar putea cunoaşte
Şi că-n atâtea cazuri am ratat
Manifestându-mă din joi în Paşte
        Sunt vinovat că-n cele ce am scris
N-am etalat scânteia cea divină
Şi n-am convins că viaţa e un vis
În care numai omul e de vină
        Sunt vinovat de toate, integral
Că n-am slujit iubirea cât se poate
Şi nu arare smuls şi dus de val
Desaga mi-am umplut-o de păcate
        Cum să ignor că am păcătuit
În chip şi fel ştiind că nu se poate
Să fii îmbrăţişat şi mântuit
De Cel Ce Cârmuieşte Peste Toate
        Mărturisesc cinstit că-s vinovat
De însăşi existenţa mea precară
De n-aş fi vrut, eu aş fi refuzat
Din pântecul matern să ies afară
        Astfel vinovăţia mi-o asum
Abia cărându-mi pietrele de moară
Şi nu mă plâng că doar o umbra sum
În Marele Mister ce mă-nconjoară.

♦♦♦

HALUCINANTUL UCIGAŞ

      Căldura când te nimereşte
Ai dat-o-n bară-n orice caz
Chiar de-o întâmpni olteneşte
Cu mămăligă şi cu praz
      Căci ea nu ţine cont vreodată
De vreun capriciu omenesc
Se năpusteşte ca turbată
Oriunde aripile-i cresc
      Şi nu se uită la niciuna
Din victimele care cad
Acest potop întotdeauna
Înaintând, îşi face vad
      Şi pârjoleşte în prostie
Şi execută cu avânt
Tot ce-ntâlneşte, ca să fie
Urgia însăşi pe pământ
      Când vipia ne ţine-n casă
Ori unde supravieţuim
Nu-nseamnă că de noi îi pasă
Vagabondaju-i anonim
      Căldura-i înspăimântătoare
Şi nu se-mpiedică de noi
Nici când ne tragem la răcoare
Prin staţiuni sau în zăvoi.

ANIVERSARĂ

Bunului meu prieten de o viață
Scriitorului Doru Moțoc
la 79 de ani

    Iubite frate,-mpodobit de har
Ne-am petrecut mirajul înc-un an
În Vâlcea ca și în Dejagaskar
Să ne-mplinim haloul diafan
    Cu bune și cu rele-am rezistat
Molohului entropic permanent
Trăind în universul degradat
Ca umbre purtătoare de talent
    Nu e ușor statornic să rămâi
Loial credinței ce-ai slujit din greu
Dar, cu atât mai mult, și cel dintâi
Pe calea sfântă către Dumnezeu

  Iubit prieten binecuvântat
Zi că ţi-ai fi imaginat măcar
Că poţi sui alert şi dedicat
Spre-nalta bornă de octogenar
  Ce-nseamnă armătura de beton
Cu care ţi-ai asigurat, cu stil
Şi anvergură, dar şi cu bonton
Fezabilul, fantasticul profil
  De la-nălţimea piscului atins
Ca un maharajah poţi contempla
Splendorile pe care le-ai cuprins
În, generoasă, împlinirea ta
  Tu ai motive, dragă congener,
Ca fericit licoarea să ţi-o bei
La ceas aniversar şi, plin de fler,
Să fii dorit de tinere femei
  Eu asta vreau să-ţi spun neapărat
Că-n clipa unui vrednic corolar
Înconjurat de cei ce dragi îţi par
E drept să fii senin şi împăcat
  Ţi-ai dat obolul, vrednic şi din plin,
Pe plan familial, dar, mai cu spor,
Şi cu speranţe pentru cei ce vin
Pe frontul invizibil creator
  Să ne trăieşti, măi hombre, fericit,
Ani mulţi şi sănătoşi, cu elixir
De pe cuprinsul ţării însorit
Eu d-aia te iubesc şi te admir.

  ♦♦♦

UN BOCET DE BALADĂ

Mamonia e unică în lume
Prin faptul că nimic nu e normal
Şi tot ce se petrece e anume
Ca omul să se-nece pân-la mal
    Aflată-ntr-un dezastru de proporţii
Mamonia mimează jubilând
Că, respectându-şi viii şi cu morţii,
Este mai glorioasă ca oricând
    Ea suferă de un sindrom aparte
Atipic, fără nici un înţeles,
Vocaţia sinistră pentru moarte
Mergând pe-un drum pe care l-a ales
    E strigător la cer ce se întâmplă
În fiecare zi pe-acest tărâm
Că-ţi vine să-ţi descarci pistolu-n tâmplă
Numai când vezi ce singuri hotărîm
    M-aş face frate până şi cu dracul
Doar să ne smulgem din acest impas
Se vede însă treaba că şi dacul
Din mine ca o stană a rămas
    Poate voi, fii din alte generaţii,
Cu alte prevederi de-nfăptuit,
Să-nfrângeţi ticăloşii şi ciumaţii
Pentru un viitor mai împlinit.

♦♦♦

INOPORTUNA AGRESIVĂ

      Melancolia fără vreo pricină
Mă prinde în capcana-i nevăzută
Şi-o simt cum e în stare să devină
Rivala mea, stăpână pe redută
      N-o agreez, nu-mi face vreo plăcere
S-o am în preajma mea, inoportună
Dar ea se furişează şi îmi cere
S-o-ngădui, să-mi ureze Noapte bună
      Această apariţie bizară
Ce se insinuează dintrodată
Îmi dă frisoane, parcă îmi presară
Pe răni deschise pulberea-i sărată
      Şi nu ştiu în ce fel i-aş face faţă
Să mă sustrag sau să alung nebuna
Care mă urmăreşte, mă înhaţă
Şi-mi dă bătăi de cap dintotdeauna.

      ♦♦♦

DIN SUFLET

Imbatabilului Dragoş Pătraru

    Ca simplu cetăţean neturmentat
Îndrăgostit pe veci de-această ţară
Te urmăresc şi n-am de comentat
Discursul tău aprins, de foc şi pară
    Şi îţi mărturisesc onest, cinstit
Că rezonez entuziast cu tine
Atâta timp cât dur, de neclintit
Te războieşti cu boaitele jivine
    Pe ticăloşi loveşte-i peste bot
Şi-ngenunchează-i şi-i cotonogeşte
Pe toţi acei ce, hulpavi, fură tot
Şi doar distrug, rânjindu-şi şmechereşte
    Fii bravul luptător justiţiar

Din fiecare inimă tăcută
Care îndură totul iar şi iar
Nu accepta demenţa să ne-asmută
      Că ne-am făcut de râs şi de rahat
De-atâta sluj şi-atâta cecitate
Fii tu chemat când clopotele bat
Şi ne-a pătruns vrăjmaşul în Cetate
      Trezeşte-i tu din somn pe pretenari
Tunând din corn Ridică-te, Ioane,
Pământul să-i înghită pe tâlhari
Când trec în pas de front batalioane
      Nu te lăsa, loveşte iscusit
În ura şi prostia omenească
Eu te îmbrăţişez şi felicit
Şi urlu România să-nflorească.

♦♦♦

INTEROGATIVĂ

      Incit la violenţă dacă cer
Să nu-i mai tolerăm pe ticăloşi
Contracarând asaltul lor mizer
Să ne vedem prosperi şi sănătoşi ?
      Incit la violenţă dacă sparg
Fetidele baloane de minciuni
Pe care le împrăştie în larg
Cohortele de hoţi şi de nebuni ?
      Pe cine şi-n ce mod pot să incit
Dacă în spirit liber mă exprim
Despre acest popor nefericit
Şi îmi asum destinul lui sublim ?
      La ură şi conflict însângerat
Incită doar nemernicii ce ţin
Cu dinţii de avutul lor furat
Şi de-al puterii nesfârşit festin
      Şi dacă tot mă simt ameninţat
De cei ce mă acuză că incit
O fac cu drag şi sufletul curat
Pentru acest popor nefericit.

♦♦♦

DE PLÂNS

    Stau cărțile-n biblioteca mea
Ca vai de ea, de când m-am instalat
În cămăruța asta de rahat,
Ca banii-nghesuiți de sub saltea
    Stau într-un mod atâta de nătâng
Cum le-a dosit în fugă noră-mea
Că nimeni să le vadă n-ar mai vrea
Doar mie îmi tot vine să le plâng
    Și ce frumos pe rafturi ele-au stat
Ca armele-n rastelele-ostășești
Ți-era mai mare dragul să citești
Și să te simți de ele desfătat
    Acum doar eu privesc din când în când
La cimitirul straniu literar
Și dacă mai deschid, destul de rar,
O carte, deplorabil și plângând.

    ♦♦♦

UN IDIOT

      Ce idiot pot fi că nu alerg
Ca om activ, să mă menţin în formă
Am renunţat la stilul Guttenberg
Dar alergatul chiar este o normă
           Sunt şi motive-n plus să fiu netot
Că de viaţa mea puţin îmi pasă
Mult prea comod, nu văd, nu ştiu, nu pot
Şi-accept să putrezesc de viu în casă
           De nu ştiu câte ori m-am angajat
Să fac, să dreg, să nu se mai repete
Comportamentul meu de regretat
Ce-i surclasat de orice Moromete
           Dar nu ştiu cum, şi când, şi în ce fel
M-am pomenit la fel ca înainte
De parcă însuşi un Mefistofel
S-ar fi vârât în pricăjita-mi minte
           Doar nostalgia după cei ce pot
Participa şi-o fac la maratoane
M-asigură că sunt un idiot
Ce nu cunoaşte reguli şi canoane.

VIVAT ROMÂNIA MARE

-acrostih-

Viața multimilenară de pe plaiurile-mi line
Ispitește și seduce cu tipicul ei divin
Variate și bogate sunt superbele coline
Apele-n tandem cu munții adorabile devin
    Tonică și exaltantă-i frumusețea ireală

Rosturile ancestrale te uimesc și te vrăjesc
O senzație de pură măreție boreală
Mă cuprinde-n acest veșnic areal dumnezeiesc
    Ah, de ce n-am zece inimi
        să te-ncapă, mândră țară,

Nimenea și niciodată să te-atingă n-ar putea
Imposibilul aș face din dorința să-ți apară
Aurora infinită din transfigurarea mea
    M-am ivit aici să-mi dărui clipa de eternitate

Am atâta fericire-n efemerul care sunt
România e întreagă-n pulsul care mă străbate
Existența ei m-absoarbe până când devine cânt.

♦♦♦

SPOVEDANIE

    Eu nu cunosc un alt spectacol
Mai mizerabil – nici nu sunt !-
Precum spectacolul politic
Din orice loc de pe pământ
    În existența-mi zbuciumată
De depășit octogenar
M-am lămurit de cum arată
 Acest spectacol ordinar
    Am urmărit actori de seamă
Ce-n rolul lor au excelat
Umplându-mi sufletul de teamă
Și de-un dispreț nemăsurat
    Jocuri politice infame
Ce lumea au terifiat
Au reușit să ne destrame
De cel mai bun apropiat
    Iar forțele întunecate

Care prin crimă s-au impus
Întotdeauna se vor bate
Să fie ele mai presus
  De orice lege şi, nebune,
Să-şi etaleze-n carnaval
Demenţa şi să-şi încunune
Absurditatea tot pe val
  În viaţa mea –şi nu o dată-
N-am cunoscut şi n-am văzut
Dihanie mai scelerată
Ca dictatorul absolut
  Născut, crescut şi dus în slavă
De mecanismul criminal
Al crâncenului joc politic
Degenerat şi trivial
  Politica e cea mai crasă
Curvăsărie pe pământ
Ea te înalţă, ea te lasă
Purtat ca pulberea de vânt
  Nicio doctrină nu m-ar face
Atât de tâmp, s-o agreez
Când liber pot să fiu şi-n pace
Chiar mioritic maidanez.

DESPERADO

    Cu cine pe coline să mă urc
Împins de năzăriri halucinante
Și-namorat teribil, ca un fante,
Să smotocesc în dinți câte un sfârc ?
    Cu cine să mai aflu într-un crâng
Transfigurat de inima-mi ce bate
Extazul și suprema voluptate
Când trupurile-n spasme ni se frâng ?
    Cu cine, Doamne, bidiviu cabrat,
Atât de nașparliu, într-o ureche,
Și contopit cu sufletu-mi pereche
Oceanul fericirii să-l străbat ?
    Misterul, prea adânc, mă lasă mască
Doar visele-mi oferă, când și când,
Câte o dulce pradă fremătând
În rest, doar o prăpastie se cască.

♦♦♦

PE VIPIA DE FOC

    Pe vipia de foc, tu-n Maracana
Eu, mai sfios, răsadu-mi ud cu cana
Și văd uimit cum melcii se-ncârligă
La rădăcina lor, lângă ferigă
    Căldura asta înnebunitoare
E ucigașă, poate să omoare
Atâta lume cât n-avem idee
Abia de mai răsuflu pe alee
    Nici în bârlog nu e vreo pricopseală
Mă ud cu un prosop la repezeală
Și vegetez culcat, ca o legumă,
Gândindu-mă la viața mea postumă
    S-ar mai putea, la munte sau la mare
Să ai o oarecare întremare
Dar cum s-ajungă expirați ca mine
Acolo unde, sigur, e mai bine ?
    Și uite-așa, pierdut ca totdeauna,
Mă resemnez și tot visez laguna
Unde-aș putea să fiu și eu ferice
Cu-o Afrodită sau Euridice
    ♦♦♦

RĂZBOIUL INVIZIBIL

Văzând cum moartea-n mine se răsfață
Surpându-mă puțin câte puțin
Și ignorându-mi dragostea de viață
Luptam indestructibil să devin
      O provocam prin acțiuni extreme
Ostentativ și mândru triumfând
Mai totdeauna, fără a mă teme
Că aș putea să fiu răpus oricând
      Întruchipam suprema confruntare
Care pe care, fără drept de-apel,
Iar dacă unul se simțea mai tare
Boicotul decurgea și el la fel
      Era ca o iubire arzătoare
Și păguboasă între exaltați
Ce preschimbau o clipă ca o boare
Într-un coșmar pe care nu-l uitați
      Când s-a produs combustia supremă
Și eu, răpus, în scrum m-am prefăcut
Doar moartea-mi fremăta, cu-o diademă
Ce strălucea-ntr-un chip necunoscut.

DE SILĂ ŞI LEHAMITE

    Am constatat, şi nu ştiu pentru a câta oară,
Că-n loc să se ridice ştacheta, se coboară
Cu-atâta uşurinţă şi, vai, lejeritate
Că te cuprinde sila, tristeţea te străbate
    Atâţi confraţi de breaslă,
                      dar între ghilimele,
Nu prididesc să-şi vadă produsele rebele
Cum umblă prin reviste şi cărţi de trei parale
Considerând că astfel spre ţel îşi taie cale
    Eu n-am nimic cu nimeni
                    de împărţit, v-asigur,
Cu toţii suntem oameni şi merităm, desigur,
Să conlucrăm şi liberi, şi creatori de seamă
Dar gena nu ne lasă, şi tare îmi e teamă
    Că hoardele-anonime de însetaţi de glorii
Se-ntrec şi fac ravagii ca piatra prin podgorii
Când doar dezinteresul şi lucrul într-o doară

Stupid colaborează, ștacheta de coboară.
     Prea multă frenezie și mediocritate
D-a surda dau năvală și cer întâietate
Acolo unde numai elitele primează
Ca saltul după cruce în râu de Bobotează
     Așa că lălăiala e-o pierdere de vreme
Nu duce nicăierea și-i cazul a ne teme
De grindina ce cade potop și nu alege
Inflația-n creație n-are nicio lege
     De-aceea și lehamitea-mi nu e chiar precară,
Normală și firească, avertizând o țară
Că, făr-o strategie și meritocrație,
Se cam alege praful, recoltă n-a să fie.

♦♦♦

UN SENTIMENT COPLEŞITOR

    Astfel creaţi să locuim o ţară
Cum alta nu există pe pământ
Suntem ursiţi să n-o lăsăm să piară
Şi să prospere-n veci pe drumu-i sfânt
    În pulsu-i energii nebănuite
Se varsă şi grandoarea îi sporesc
Astfel încât natura îi permite
Să dăinuie-n miracolu-i firesc
    Nimic şi nimeni, nicicum, niciodată
Cu nici un instrument distrugător
Un fir de păr nu va putea să scoată
Tărâmului cu brazi care nu mor
    Nimic şi nimeni patria străbună
Ivită în trecutul ancestral
Nu va putea nicicând să o răpună
Ea va rămâne-n veci de veci pe val
    Mi-i sufletul cuprins de frenezie
Când o iubesc, o apăr şi o cânt
Şi numai bunul Dumnezeu mă ştie
Cât sufăr s-o sanctific prin cuvânt.

♦♦♦

POETUL DIN SOMN

      Scriu poeme în somn
Cu-o plăcere nebună
Şi, iubind ca un domn,
Geniul se răzbună
      Ce păcat că, trezit,
Nu le pot recompune
Şi oftând, nu ezit
Să scriu alte, mai bune
      Ce păcat că trăim
Conştienţi doar o parte
Din exodul sublim
Îndreptat către moarte!
♦♦♦

CHEMARE LA LUPTĂ

    Noi totdeauna am avut probleme
Cu agresorii, însă, nu te teme
Că am învins duşmanii de afară
De ce i-am tolera pe cei din ţară
Ce-şi fac iluzii, doar, şi nu ţin seamă
De sfânta datorie ce ne cheamă
Să ne-apărăm, trăind în libertate
De ce-am lăsa ca boaitele spurcate
Să ne subjuge şi să jefuiască
În cârdăşie Ţara Românească
Primejduind copiii şi nepoţii
Să-i tâlhărească şmecherii şi hoţii
       Cum să se uite, Doamne, cum luptară
Eroii de pe fronturi pentru ţară
Şi partizanii de prin munţi şi sate

Ce se jertfiră pentru libertate
În era comunistă criminală
Mai este vreun motiv de îndoială ?
    E vremea să ieşim cu toţi din case
Ca leprele în bande ticăloase
Ce luptă la putere să rămâie
Să fugă precum dracul de tămâie
Şi-nfricoşată, haita destrămată
Să nu mai scoată capul niciodată
    Grădina Maicii Domnului stăpână
Pe soarta ei în veci va să rămână
Să strălucească în eternitate.
Ridică-te, Ioane, fă dreptate !

CÂND TOTU-I POSIBIL

     Când totu-i posibil şi nu se mai poate
Când lumea s-afundă-ntr-un hal fără hal
Ioane, porneşte la luptă cu toate
Mijloacele,-i musai s-ajungi pân-la mal
     Când totu-i posibil, ia-ţi inima-n mână
Şi sparge cu sete opreliştea ta
Pe frontul de luptă să nu mai rămână
Nici urmă de demon, pe ei, nu mai sta !
     E-o vreme-ndrăcită de foc şi urgie
Scăpare nu este decât în combat
Prinosul de jertfe e timpul să fie
Real şi magnific, de neegalat.

♦♦♦

TIMP TRANZITORIU

    Cât orăcăim noi p-acilea
Ca broaştele-n smârcuri şi bălţi
Cât ne agresăm şi ne violăm
În sadice perversiuni
În numele sfintei iubiri
    Cât, fără noimă şi ezitare,
Siluim în neştire planeta
Şi-o secătuim de resurse
Până va plezni într-o zi
    Fraţii de lângă noi
Tăcuţi şi neîntrecuţi
Înarmaţi până-n dinţi
Cu tehnologii incredibile
    Ard etapă după etapă
În cuceririle cosmice
Şi nimeni dintre noi nu va şti
Că s-au dezis de pământ
Lăsându-l să se dezagrege
În nebuneasca-i derivă.
    ♦♦♦

ALERTĂ

Urangutani, gorile şi macaci
Mă-ncercuiesc, îmi sar la jugulară
Şi nu ştiu pentru ce, căci plin de draci
Le-aş face-ntr-o secundă să dispară
    Ca să convieţuim e indicat
Şi să cooperăm în bună pace
Dar cum, când permanent eşti agresat
Şi nu le temperezi, orice ai face
    Să fii anihilat şi scos din joc
Le-ar conveni, în pofta lor nebună
Dar asta nu te-ncântă chiar deloc
Şi cauţi o soluţie mai bună
    Cu astfel de-animale de rahat
E bine să te porţi cu fermitate
Iar când ştiute legi au încălcat
Să le alungi cu forţa din Cetate
    Pentru nimic în lume şi nicicând
Să nu le mai dai voie să revină
Acolo unde numai vis şi gând
Întreţinând iubirea dau lumină.

♦♦♦

MIRACOL

Cum deschizi ochii, cum ai decis
Moartea s-o treci ca pe un vis
Cum te trezești și totul te doare
Miracolu-n floare ți-oferă povești
Să te retragi, n-o să se poată
Prea-i încărcată poiana de fragi
Abia ai sărit în râul din vale
Că noi trufandale ți s-au oferit
Chiar de sunt nori ce vor să te culce
E viața prea dulce, din ea să cobori
Și nu te oprești, oricâte înduri
Din cele-aventuri schimbate-n povești
Când ceasu-a sosit adio să-ți iei
Găsești un temei să zbori infinit
Și chiar dacă pleci, miracolu-i plin
De-un farmec divin ce dăinuie-n veci.

♦♦♦

A TREIA EPISTOLĂ

*Distinsului meu confrate
româno-canadiano-planetar
Alexandru Cetățeanu*

    Distinsule și mult iubit confrate,
Îți scriu din nou din propriul bârlog
Să-ți spun cinstit că am căzut pe spate
Văzând isprava ta de…pedagog
    E o revistă extraordinară
De-o anvergură greu de întâlnit
Ce onorează un popor și-o țară
C-un spirit creator nemărginit
    Și chiar dacă, din nu știu ce pricină,
În acest număr nu m-am regăsit
Mărturisesc pe sufletu-mi-lumină
Că mult m-am bucurat și-s fericit
    I-am revăzut pe soții Andreiță
Cu care în tandem ați debutat
-Cu el am fost coleg și crai de viță
Distinsa doamnă mi-i vecin de sat-

    Apoi m-am bucurat ca nimeni altul
Să-l întâlnesc pe bravul editor
Al „Donchiadei" care-a dat asaltul
Petru Isachi cel nemuritor
    Distins amărăştean, nici n-ai idee
Cât pot aprecia ce, vrednic, faci
Reverberând parfumul de femeie
Peste întreaga lume de cordaci
    D-apăi acele poze singulare
C-un colorit pregnant ce-ţi dă fiori
Şi luminoasa lirei revărsare
Te bucură, c-ar fi păcat să mori
    Ce să-ţi mai spun, iubitul meu confrate,
Să nu m-acuzi că fac encomion
Realizarea ta m-a dat pe spate
Şi mult aş vrea să-ţi fiu companion
    Dar, vezi mata, ce-nseamnă viaţa asta
Cu-atâtea noi minuni ce tot răsar
Să te uimească, spulberând năpasta
Unu-n bârlog şi altul planetar
    Să ştii că de-oi da colţul, cum se zice,
Şi n-oi mai şti de fost-am onorat
Te-asigur, dragul meu, că mor ferice
Oricât am suferit şi îndurat
    Cu-asemenea eroi la-naintare
E imposibil, frate, să ratezi
Când viaţa e o binecuvântare
Până şi pentru câinii maidanezi.

♦♦♦

TRASEU

    Mă preocupă lucruri nevăzute
Deși n-aș putea fi un tip ocult
Eterna confruntare-ntre redute
Se-nfruntă și cu propriul tumult
    Eu am de apărat o entitate
Ce nu se potrivește-n nici un fel
Nici cu adepții clari ai lui Socrate
Și nici cu cei ai lui Aristotel
    Cu pieptul gol și singur nicio șansă
N-aș fi avut luptând pe câmp deschis
 Și, protejat de propria mea hansă,
O cale adecvată mi-am deschis
    Înaintînd pe Calea mea Regală
Spre îndumnezeire mă îndrept
Și-nveșmântat cu hainele-mi de gală
Oficiez neabătut și drept.(cu inima din piept)
    ♦♦♦

SINCERITATE

      Eu ştiu că tu eşti rea de muscă, însă
De tine, dragă, n-am să mă despart
Că am văzut atâta lume plânsă
Cu legământul de credinţă spart
      Problema e greşită din pornire
Întocmai falsei ei filosofii
Cât timp îţi place lumea să te-admire
Tu eşti a mea doar cât vrei tu să fii
      Nici eu nu-ţi pot jura fidelitate
Minţindu-te că strâmb eu n-am călcat
Cât timp ispita-n forţă mă străbate
Iar eu mă simt şi chiar că sunt bărbat
      Aşa că cea mai cea recomandare
E să închidem ochii când iubim
Ştiind noi că humanum est errare
Şi clipa-i încărcată de sublim.

ÎN CLIPA ASTA

În clipa asta, printre dobitoace
Domestice, mă fac că am ce face
În clipa asta sunt o catastrofă
Că am sedus și babardit o profă
În clipa asta pielea mă mănâncă
Și mă lansez în apă de pe-o stâncă
Acum hălădui singur cu-o rachetă
Și-s bucuros că nimeni nu regretă
Acum la noi se face dimineață
Iar eu într-un spital salvez o viață
Chiar în acest moment, stăpân pe soartă
Mă pregătesc să trag un șut pe poartă
Aceasta-i clipa mea fenomenală
Îmi iau trofeul de la bienală
Din clipă-n clipă pot să fiu chemat
Că pașaportul mi-i asigurat
Acum, aici, nu știu ce-o să mai fie
Cu-atât dezmăț și-atâta nebunie
Eu pot să-nchei acest poem dar altul
E pregătit să asalteze-naltul
Așa că nu e clipă care bate
Să nu te zbânțui în eternitate.

♦♦♦

OPORTUNITATE

   Cine s-ar gândi că Romania
Printr-o strategie cum nu sunt
Poate să devină Armonia
Loc divin de pe acest pământ
   Cine-ar putea crede că o țară
Care nu prea mult s-a dezvoltat
Prin activitatea-i exemplară
Ar ajunge de invidiat
   Cu atâtea surse de lumină
Și resurse cum mai rar găsești
Țara noastră poate să devină
O grădină-a vieții omenești
   Va veni și vremea minunată
Când efortu-n care ne unim
Va preface-o țară-napoiată
Într-un paradis celest sublim.

♦♦♦

ONTOLOGICĂ

    Imprevizibil este cursul lumii
Orice ai face nu ştii cum devine
Or, cine cunoscând haramul cum mi-i,
Peste un veac şi-o aminti de mine
    Că tolba cu creaţii literare
De taine şi trofee-i burduşită
Se ştie bine, însă câte oare
O cale-n noul veac o să-şi permită
    Mă străduiesc, pornind la vânătoare,
S-adun cele mai splendide feline
Şi-ngrijorat îmi pun păroblema, oare
Cine-ntr-un veac s-o mai gândi la mine
    O, cât de efemeră şi caducă
Viaţa noastră poate ca să fie
Şi-o stranie nelinişte m-apucă
De câte ori gândesc la veşnicie.
    ♦♦♦

DECES

      Sufletul meu îndurerat îmi cere
O lungă reculegere-n tăcere
Te-ai dus şi tu cu duşii, văr iubit,
Aşa cum Cel de Sus a stabilit
Şi m-ai lăsat mai sing decât eram
Să rătăcesc prin răsfiratul neam
Ca o stafie printr-un cimitir
De ce ar trebui să mă mai mir
De existenţa mea de expirat
Când, tot ce-aveam mai drag mi s-a luat,
Şi nu mai am decât, înmărmurit,
Să-mi amintesc de cele ce-am trăit
Ca oropsiţi ai sorţii şi sărmani
Neconsolaţi atât amar de ani
      O, Miticuţă, vere, ai scăpat
De tot acest calvar transfigurat
Prin voia noastră-n clipe de delir
Sentimental, în umbra lui Shakespeare,
Tu ai plecat, doar eu, rămas, regret
Pentru tot neamul nostru, ca poet
Că nu mai am cu cine să închin
O halbă sau un păhărel cu vin
La umbra mărului fenomenal
Din curte, când visam c-am fi pe val
      Ne-ai părăsit şi bine-ai procedat
Că viaţa pe aici e de rahat.
♦♦♦

CONFORTABIL

    Nu numai că mă simt confortabil
Dar sufletu-mi freamătă vrednic
În compania iluştrilor
Contemporani şi prieteni.
    Printre ei şi cu ei jubilez
În nemuritoare tangouri
În lumea desfătărilor pure
În compania lor trepidez
Cu toate motoarele-aprinse
Iar libertatea de-a fi
Şi a crea demiurgic
E o constantă specifică
În timp ce iubirea nebuna
E sensul suprem ce mă-nalţă
Dincolo de rău şi de bine
În sfera ataraxiei.

♦♦♦

VINOVATUL FĂRĂ VINĂ

      Vinovat să fiu că n-am cu cine
Nici să mă prostesc la un pahar
Vinovat că n-am cu ce-ntreţine
Atmosfera în Dejagaskar
      Cât de vinovat să fiu că nu sunt
Decât umbra celui ce am fost
Şi agonizez de unul singur
Ca o arătare, fără rost
      Viaţa mea pustie vi se pare
Că e exclusiv din vina mea
Şi că-ndurerata-mi îndurare
Aş putea s-o curm dacă aş vrea
      Hai să fim cinstiţi, e o prostie
Să gândiţi aşa de negândit
Nimeni nu-şi doreşte ca să fie
Doar un spectru jalnic şi falit
      Dacă n-am cu ce şi nici cu cine
Să mă însoţesc, să mă combin
Nu sunt vinovat, nu mi-e ruşine
Ăsta-i cursul vieţii în declin.

DE CE NUMAI DECLINUL

    Ce s-o petrece, Doamne, ne ierţi, cu noi acum
E un declin al lumii ce nu s-a pomenit
Ne minunăm că oamenii mor trăzniţi în drum
Tocmai când e momentul de chef şi de iubit
    Ecosistemul nostru să fie dereglat
Natura afectată să fie în impas
Ar fi o tragedie să fie-adevărat
Ruinele şi moartea ne-ar ţine parastas
    Uimirea siderată n-ajută, n-are rost
La fel justificarea că noi prea mici am fi
Mai demn şi onorabil şi fără nici un cost
Ar fi aceeaşi horă să-ntindem într-o zi
    Războaiele şi crimele să le nimicim
Industria funestă s-o punem pe butuci
Iar poluarea-n gestul spontan şi unanim
Uitată să rămână şi nici s-o mai apuci
    N-o să ne laşi, Tu, Doamne, ca proştii să murim
Iubirea şi credinţa fantastice ne sunt
Rămâne ca, păstrându-le aerul sublim,
Integră să rămână şi lumea pe pământ.

CREDINȚĂ

     Când nimeni dintre-ai tăi nu te mai sună
De parcă însuți tu vei fi murit
Și cu singurătatea împreună
Întruchipezi un duh înmărmurit
     Când nimeni nu mai are pentru tine
Nici cel mai lamentabil interes
Și însăși existența ta devine
Ca umbra unui pom ce-a fost cules
     Și toate-n juru-ți astfel gravitează
De parc-ai fi lepros ori un ciumat
Că însăși lumea pare o sfârlează
Rotindu-se în cercu-i blestemat
     Tu, om întreg la trup ca și la minte,
Îndrăgostit necondiționat
Treci peste toate demn și ia aminte
Că nu ești singur și abandonat
     Că Cineva-n tărie te iubește
Și orice-ai face, prob și elegant,
Va fi primit, tratat dumnezeiește
Iar tu vei străluci ca diamant.

♦♦♦

PARALELISME BIZARE

Ce treabă au destinele-mplinite
Cu jocul din politică murdar
Şi cu prostimea care tot înghite
Găluştile stricate în zadar
    Ce-i pasă campioanei mondiale
De circul şi de veşnicul scandal
Cu scenele groteşti şi triviale
Când zbârnâie pe crestele de val
    Cât poate suferi o excelenţă
Făcând furori pe-ntregul mapamond
Că lumea străbătută de demenţă
Se-mpiedică de orice vagabond
    Dar marii păpuşari jonglând în umbră
Şi potentaţii viaţa savurând
Cât i-afectează existenţa sumbră
Şi searbădă a omului de rând
    E limpede că Marea Mascaradă
A lumii îi atinge prea puţin
Şi chiar când se întâmplă să mai cadă
Sunt împăcaţi cu propriul destin
    Morala ? Dar există vreo morală
În tot acest vacarm neîntrerupt
Care se desfăşoară pe spirală
Surpându-se dinamic şi abrupt?

♦♦♦

SINDROMUL DE CACAO

      Atâția ciocoflenderi cu creierii-ntr-o doagă
Se dau de ceasul morții să fie mari poeți
Și sufletu-și revarsă, închiși între pereți,
Scriind maculatură mizeră și oloagă
      Atâta buluceală pe frontul literar
Care și cum s-apuce un loc de doamne-ajută
Că gândul ți se sparie-n entitatea mută
Văzând celebritățile nule ce apar
      Ca de sfârșitul lumii zbanghiii se produc
Scoțând broșuri cu carul, de nimenea citite,
Dar ei, neisprăviții, cu-atâtea reușite
Nu-și mai încap în piele în vastul balamuc
      Și roata se învârte, etern indiferentă
La circul cu atâția jongleori și cioflingari
Doar tu, pierdut și singur, refuzi să mai apari
Cu operele tale, visând după vreo rentă.

MINUNEA VIEȚII

Minunea vieții nimeni n-o întrece
Un fir de iarbă tot miracol este
Doar omul până nu devine rece
Le prinde în eterna lui poveste
    Eu sunt adânc uimit de orice floare
Ce genuin petalele-și desface
Cu propriul polen să înfioare
Bondarul vagabond ce nu-i dă pace
    O simplă boare ce ușor adie
Un fulg de nea, o rază călătoare
Și orice creator de poezie
Mă emoționează și mă doare
    Viața e atât de fascinantă
Și plină de atâta frumusețe
Că până și o biată Rosinantă
Lui Don Quijote tot i-aș da binețe.
♦♦♦

N-AM CU CINE...

      N-am cu cine discuta
N-am cu ce mă lăuda
Ce credea că vreau să spun
Cerebelu-ţi de...om bun ?
      N-am cu cine, chiar şi-aşa
N-am cu ce mă desfăta
Asta-nseamnă c-am greşit
Cu ceva nereuşit ?
      Dacă n-am cu cine, ce,
Sunt mai slab ca tine, bre ?
Dacă n-am cu ce,-s pierdut
Cum crezi tu, un prefăcut ?
      Băi nenică Leuştean,
Doar că sunt amărăştean
N-am cu cine sta la sfat
 N-am cu ce să te dau mat
      Că în rest, de nu am cum,
E scuzabil, umbra sum
Şi nici tu nu eşti mai breaz
Chiar dacă te dai viteaz.

ANIVERSARĂ

Magistrului Andrei Pleşu
la şaptezeci de ani

  Pleşu la şaptezeci de ani
E adorabil şi şarmant
Neagreat de şarlatani
Aplaudat de Diamant
  Magistrul Pleşu e bunic
Ca un nabab într-un serai
El păstorindu-şi ca amic
Două nepoate şi trei crai
  Ca un stilist plin de umor
La baclavale nărăvit
Tratează teme care dor
Cu un firesc desăvârşit
  Şi fără a se-mpăuna
Cu cele ce-a realizat
Mai speră că încă una
Nu e deloc de lepădat
  „Memoriile" de-s un vis
Aievea el va fi-n mod cert
În clipa când le va fi scris
Slujindu-şi Marele Concert
  ♦♦♦

MĂ MINUNEZ

      Mă minunez şi iar mă minunez
De tot ce-nseamnă viaţă, devenire
De-ntregul univers, de do diez
De faptul că am şi eu o menire
      Mă minunez de faptul că exist
Şi că exişti, şi că grăieşti cu mine
Mă miră când te văd atât de trist
Şi abătut ceva când nu-ţi convine
      Mă siderează frumuseţea ta
Şi nurii ce mă fac să cad pe spate
Sufăr când nu te pot nici ajuta
Şi nici respinge, plină de păcate
      Şi vă mărturisesc că-s îngrozit
De răul ce se varsă peste lume
Tot mai nimicitor, nestăvilit
Şi mă crucesc când văd minunea cum e.
♦♦♦

CREDO

    Știind că exist
Că pulsez și că luminez
Îmi tot caut locul
Pe-o hartă inexistentă a stelelor
    Nu se vede nimic
Din zbaterea mea
Energia mi-o pierd căutând și sperând
Dar eu știu că exist
    Iar dacă harta nu se conturează
Sau nu știu eu s-o găsesc
Va trebui să-i dau un contur
Cu miracolul meu omenesc.

♦♦♦

SATUL PĂRĂSIT

  În timp ce satu-i părăsit
De consătenii ce tot pier
La margine, spre răsărit
Doar cimitirul e prosper
  Aici se-adună la taifas
Cei duşi cu duşii, împăcaţi
Că-n lumea rea nu au rămas
Şi veşnicesc ca nişte fraţi
  E o plăcere-aici să stai
Să meditezi, eliberat
De stres, e-o linişte de rai
Şi-o pace cum n-ai mai aflat
  Iar satul, mai rarefiat
Cu tot destinu-i efemer
Se estompează-ndoliat
Doar cimitirul e prosper
  În spaţiu-i ne amintim
Cine suntem şi cine-am fost
Vorbind doar glasul ano(una)nim
Al zbuciumului fără rost.

PARTY LA MARE

      Pițipoance și putane
Sexi, care mai de care,
Devenind și partizane
De partid, s-au dus la mare
      Cu vulpițe și scrofițe
În călduri, surescitate,
S-au găsit, să facă fițe
Când pe burtă, când pe spate
      Bivolițe-afurisite
Cu pretenții, se-apucară
Și mai rău să le excite
Cu deprinderi de la țară
      Întâlnirea programată
Cu atâtea știorfeline

Nici prin gând n-avea să poată
Încheia atât de bine
    Toate doamnele-şi aflară
Corditorii pe măsură
Petrecând o nouă vară
Tot într-o-mbârligătură
    Când lucrările sfârşiră
Cu tamtamuri şi cu fală
Şi cu cântece de liră
Reveniră-n capitală
    Patria să şi-o slujească
Prompt, în linişte şi pace,
Cum doar Ţara Românească
Freamătă de dobitoace.

♦♦♦

CU UN STROP DE NEBUNIE

    Cu un strop de nebunie de-am
                      fost binecuvântat
Dorind şi-altora să fie, încă nu l-am consumat
Tot ce statu-mi-a-n putinţă am făcut să-l împlinesc
Pentru propria fiinţă şi-ntreg neamul omenesc
    Nu ştiu cât şi cum o viaţă l-am
                      strunit şi cultivat
Ca să am succes pe gheaţă în vifornicul climat
Şi nu ştiu în ce măsură vrednic se va fi produs
Ştiu doar, că lipsit de ură, şi-n mod sigur
                      mai presus
    De problemele mărunte ce se hărţuie în van
Am ajuns, din vârf de munte, să cuantific un ocean
De prostii şi patimi oarbe, prin iubirea mea arzând
Cu-o putere ce absoarbe orice dor, şi vis, şi gând
    Stropul meu de nebunie, cu
                      dichis administrat,
S-a-mplinit în poezie, după cum mi-am şi visat
Şi nu voi ca să mă laud şi că cel mai cel eu sunt
Chiar şi până-n Fomalhaut spaimele mi
                      le-am înfrânt
    Şi-mi continui aventura şi fantasticul
                      demers
Asumând investitura în întregul univers
Pradă nebuniei mele cultivate-n aşa fel
Până fi-voi între stele Cel Mai Vrednic Ariel.

MASS-MEDIA

    Mass-media e o struțo-cămilă
Ce infestează-ntregul areal
Cu-asemenea produse, că ți-e silă
Să mai acreditezi ceva real
        Ea sparge, și pisează, și fărâmă
Tot ce atinge, c-un exces de zel
Ce mistuie și ultima fărâmă
Din orice monolit ca de oțel
        Și-amestecă-n furia-i deșănțată
Tot ce-a distrus, făcând un aluat
Ce seamănă mai mult cu o salată
Sau, mai curând, cu-o budă cu rahat
        Mass-media e-o forță nelipsită
Din orice circ, din orice carnaval
Căci nu doar satisface, ea incită
Tăria celor cocoțați pe val
        Astfel prosperă Marea Mascaradă
Ce nu-și încheie aria nicicând
Și toată lumea trebuie să creadă
Spectacolul de umbre jubilând.

        ♦♦♦

JURĂMÂNT DE CREDINȚĂ

     Eu o să mor gândindu-mă la tine
Și la puterea ta nemăsurată
Cum ai putut din ambele destine
Să faci doar unul, cum n-a fost vreodată
     Eu am simțit natura ta divină
Din clipa când ne-a fulgerat iubirea
Și ai făcut ca viața-mi să devină
Cum nu există alta nicăirea
     Cu nurii-ți fremătând de voluptate
Și dăruirea-ți supraomenească
Salvatu-m-ai mirabil din păcate
Ce-ar fi putut să mă nenorocească
     Cu nemaipomenita-ți cumpătare
Și cu știința de a-mi sta în umbră
M-ai dirijat subtil, fiind mai tare
Ca să evit o existență sumbră

  Tu eşti zeița visurilor mele
Şi Dulcineea fără de prihană
M-ai scos din întâmplări atât de rele
Mi-ai fost ca pansamentul de pe rană
  Cum aş putea uita cu cât deliciu
Am savurat momentele sublime
Şi cât devoțiu, pân-la sacrificiu
Ai pus când moartea vrea să mă suprime
  Iar dacă hâda, totuşi, mă va bate
Şi vei rămâne singură pe lume,
Lumina-ți sfântă în eternitate
Iubito, însoți-mă-va anume
  ♦♦♦

SINDROMUL BUCLUCAŞ

      Conflictele din areal, reale
Se înteţesc, ce mai la deal, la vale
Vrea unul pace, că-i la rând la moară
Se şi repede altul şi-l doboară
E unu-ngrijorat de dobitoace
Şi, dacă e, nu-i linişte şi pace
      Să nu încerci s-o iei cu binişorul
Că faci şi dregi, că suferi cu boborul
Că singur ţi-ai dat foc la pălărie
Şi nu e om cu tine să mai ţie
      Deci, cum ai lua-o, vrând să faci dreptate
E musai să ţi-o tragă pe la spate
Iar gloata-nfuriată şi nătângă
Să te-mpresoare, oasele să-ţi frângă
      N-aţi vrut democraţie ? Păi, să fie
Dar numai cât vrem noi şi…pe hârtie
Că altfel ne găseşte Mama Gaia
De-ajungem s-o tulim prin Himalaia
Sau cine să mai ştie pe mai unde.
      Conflictele ne scapă, nu ? Răspunde !

VRĂBIUŢA

A dispărut din peisaj până la uitare
Multă apă s-a revărsat de atunci în mare
După cincizeci şi opt de ani m-a găsit
Surprinzător ca poet prea puţin vestit
Şi ne-am întâlnit în Cişmigiu
Să-i ofer din cărţile mele
Doi bătrânei suferind de sechele
Vrăbiuţa nu mai are putere
Să ne-ntâlnim, cum inima cere
O şi văd cum abia îşi mai duce
Pungile cu medicamente
Da-s prea bătrân pentru a o aduce
În vastele mele apartamente
Va veni o zi când o să dispară
Din peisaj pentru ultima oară.
♦♦♦

AVERTISMENT DECENT

Vă rog să vă feriţi din calea mea
Spre cel ce vreau să fiu, deloc uşoară,
Eu îmi doresc ca nimeni să nu moară
Şi să constat că se va şi putea
    Feriţi-vă, că nu ştiţi cine sunt
Şi ce voinţă extraordinară
Străfulgeră din ordinea precară
A bulgărelui ăsta de pământ
    De-am fost pentru o clipă hărăzit
Să-nnobilez scânteia cea divină
Mă simt dator s-o fac ca să devină
O stea de foc pe cerul infinit
    Iar dacă-n lume m-am îndrăgostit
De-o muritoare-asemenea cu mine
E musai să-mi joc rolul ce-mi revine
Cu harul de iubire investit
    Feriţi-vă din drum, că n-am de gând
Să mă opresc pentru nimic în lume
Doar flacăra iubirii să-mi îndrume
Nestăvilitul fulger fremătând (luminând).

♦♦♦

O SITUAŢIE IGNORATĂ

   Atât de mult s-au încins
Putreziciunile bălţii
Orăcăitul broaştelor a ajuns
Atât de departe
Încât în orice moment
Se poate isca o urgie
   Lumea, prea ocupată cu ale ei,
Nici n-o ia-n seamă
Şi nimeni nu intuieşte
Proporţiile dezastrului
   Până şi peştii sar pe uscat
Aproape fierţi sau prăjiţi
Şi se usucă în soare.
    ♦♦♦

RAIUL SĂLBĂTICIUNILOR

    Mistreți, șacali, sălbăticiuni feroce
Care de care mai periculoase
Se zbânțuie prin parcul cinegetic
Amușinează tot ce le miroase
Și prada urmărită o atacă
Și-o sfârtecă pe loc, ne-ndurătoare
Doar din instinct, să-și potolească foamea
    Le înțeleg perfect și-mi stimulează
Un sentiment de admirație
    Dar când la orizont instant apare
Un ditamai bizonul în turbare
În calea lui făcând ca orb ravagii
Frângând scorușii, paltinii și fagii
Și terminând cu orice creatură
M-apucă o furie pe măsură
Încât ochesc și trag un glonț în frunte
Doar cu țărâna să se mai confrunte
    Mai trist e că și urșii și mistreții
Își fac de cap, așa că voi prindeți-i
Când buzna dau în țarc și-n bătătură
Și dați-le o lecție când fură.

NELINIȘTE

Unde te duci și ce cauți
Dragostea mea,
De cine fugi, de cine te temi ?
Nu vezi că noi suntem
Ca firele de nisip și de iarbă
Ca bozonii și electronii
Ca bacteriile și virușii
Într-o veșnică goană
Căutându-ne și negăsindu-ne ?
Nu vezi că noi suntem
Creatorii și susținătorii
Nesfârșitei tragedii a vieții
Zbătându-ne s-o schimbăm
Să-i găsim alte conotații și semne ?

    Când te vei liniști
În ce punct vei considera
Că ți-ai găsit echilibrul
Și liniștea, și pacea ?
    Dragostea mea,
Tot ce pot eu face
E să fiu alături de tine
Să sufăr și să mă bucur cu tine
Cât e posibil
    În rest, fiecare
Trăiește și termină singur
Acest spectacol-miracol
Deliciu-capriciu
Eternitate fără niciun indiciu
Doar supoziții și speculații
Doar vagi inefabile emanații
Risipite pierdute
Pe indescriptibile
Căi și spirale
Imaginare irelevante
Imposibile și ireale
    ♦♦♦

ÎNTREBĂRI ESENȚIALE

   Și dacă-om ajunge pe altă planetă
Cu-același genom, ADN și tipic
Și tot ce-am făcut eronat se repetă
Și-n tot ce-o să fac nu se schimbă nimic ?
   Și dacă minciuna, hoția și crima
Vor face ravagii ca și pe pământ
Și doar amăgirea rămâne-va prima
Din toate trăirile cele ce sunt ?
   Și dacă zadarnică-i orice credință
Și dacă suntem condamnați să pierim
Cu tot ce o clipă doar se înființă
Cu tot ce-i tezaurul nostru sublim ?
   Și dacă-s captiv îndoielii de sine
Și dacă-i iluzie tot ce trăiesc
Și dacă întregul miracol devine
Un nemărginit avatar omenesc ?
   O, Doamne, de ce-s vinovat fără vină
De ce Tu mă lași infinit să mă zbat
Și nu să mă pierd în eterna lumină
Ca tot există, ca tot ce ai creat ?

♦♦♦

UN SINDROM PĂGUBOS

    Suferind de sindromul ratării
Nici în vis nu-ncetez să mă spării
De-o asemenea rea ipostază
Și mă tem că nu-i mult și-o să cază
Și particula bună din mine
Și atunci o să mor de rușine
C-am trăit pe pământ chiar degeaba
Nici măcar responsabil cu treaba
Celui ce neștiind ce îl doare
Se alină cu cele odoare
Ce-i atârnă, complet inutile,
Dus cu gândul parșiv la copile
    Nici nu știți cât de mult pot să sufăr
Că nu sunt într-o baltă un nufăr
Sau o floare de colț pe o stâncă
Mărginind o prăpastie-adâncă.
♦♦♦

UN DIALOG INCENDIAR

Un dialog atât de incendiar, mai rar
Pentru că se derulează chiar în Dejagaskar.

Ea	-Eu te iubesc cum nici nu-ți dă prin minte !
El	-Hai să vedem, iubito, cine minte !
Ea	-Să facem schimb de ochi, de ești în stare !
El	-Eu îți propun o șustă și mai tare !
	Să facem schimb de inimi, inimioară
	Durerea-ți și pe mine să mă doară !
Ea	-Ce-ai zice, printr-un număr de magie
	Chiar sexele schimbate să ne fie
	Sau, și mai și, cu-o tainică furtună
	Să ne trezim cu ambele-mpreună
	În cel mai pur extaz și voluptate
	După orgasme trăznet repetate.
El	-Cum te contemplu mut, eu rămân mască
	Ce nu te satisface, să-ți trăiască
	În ipostaza noastră actuală
	Atât de potrivită și…letală ?

Ea   -Iar eu, înmărmurind, privesc la tine
       Şi nu mă dumiresc ce nu-ţi convine ?
El   -Poate că doar mimăm iubirea, poate
       Că ne-am smintit şi vrem ce nu se poate
Ea   -Să ştii, iubitule, că ai dreptate
       Ia să mai încercăm şi pe la spate
       Că un mesaj erotic face bine
       Şi spulberă ideile meschine.
...Şi, uite-aşa, cum numai Domnul ştie,
Am reluat eterna frenezie
A cuplurilor veşnic ne-mpăcate
C-un şi mai mare grad de voluptate
Şi n-ai idee ce ni se întâmplă
Căzând pe spate, tâmplă lângă tâmplă.

♦♦♦

SEDUS DE-O VEŞNICĂ DISPUTĂ

Explică-mi tu, ca minte sclipitoare
Crezând că faci natura explicită,
De ce, surprinsă, inima-mi palpită
De câte ori mă întâlnesc cu-o floare
      Explică-mi tu cu libera-ţi gândire
Suficientă sieşi, ce refuză
Creaţia, cum poate să admire
În zboru-i graţios o buburuză
      Poate că mintea mea, prea limitată
Noianul de mistere să dezlege,
Acceptă să tot fie înşelată
De-o teorie devenită lege
      Explică-mi tu, de ce nu pot, cu tine,
Ca liberul arbitru să-mi dicteze
Şi respingând preceptele divine
Să iau de bune nişte ipoteze
      Spune-mi, te rog, de ce mă înfioară
De-mi zbârnâie hormonii-n măruntaie
Când mă trezesc surprins de-o căprioară
Ce drumul cu al meu şi-l întretaie.

RUGĂCIUNE

  Doamne, Doamne, câte doamne
Singure plâng pe pământ
Dar şi eu, de-atâtea toamne
Vitregit, tot singur cânt
  Doamne, nimeni nu reclamă
Cât putem să suferim
De o traumă infamă
Îndurată unanim(anonim)
  Cu relaţii, sentimente
Activând pe internet
Îndurăm literalmente
Chinul nostru desuet
  Doar de-ai face o minune
Doamne, totul s-ar schimba
Cupluri-cupluri, Tu, adu-ne
Să trăim spre slava Ta
  Am reface împreună
Însuşi Raiul pe pământ
Doamne, fulgeră şi tună
Fericit din nou să cânt

♦♦♦

UN FLUTURE ÎN ZBOR

    Un fluture în zbor făcând volute
Se zbenguie, trecând prin fața mea
Când stau la geam cu gândurile mute
Visând la ce-aș dori și ce-aș putea
    Octombrie-a intrat deja pe pistă
Și-naintează într-un ritm alert
Indiferent la lumea ce există
Zbătându-se și n-am cum să o iert
    Sunt bombardat de informații care
Mă dau pe spate, rău îndurerat,
Cu-atâtea fenomene singulare
Și-atâta nebunie la pătrat
    M-aș duce de nebun pe altă sferă
Ca viața să o iau de la-nceput
Dar, încotro, când prea puțini mai speră
Văzând și-nțelegând ce am făcut.

♦♦♦

DACĂ MĂ DUCI...

    Dacă mă duci cu vorba-ți iscusită
Fii sigur că te vede Cel de Sus
Și are grijă-n fiece clipită
Să-nregistreze tot ce faci și-ai spus
    Dacă tu crezi că astfel scapi de mine
Când insistent de tine eu mă rog
Continuă, dar nu știu de e bine
Cum te vei prezenta în catalog
    Când, șmecher, apelezi la stratageme
Crezând că astfel ai ieșit din joc
Te urmăresc și mult mi-e a mă teme
Că nu știi ce înseamnă să iei foc
    Oricum, îți mulțumesc pentru că-ți place
Să tragi în piept un candid și credul
Dar, nu uita, că tu n-o să ai pace
Cât vei trăi și păcăli fudul.

♦♦♦

POVARA PROPRIEI CREAȚII

      Ca niște belchițe-nșirate
Grele ca pietrele de moară
Mă urmăresc și mă doboară
Poemele neinspirate
      Eu chiar nu știu ce au cu mine
De mă tot trag, atât de grele,
Se vede că știu bine ele
Și soarta lor nu le convine
      Povara ce-o târăsc în spate
Mă încovoaie, mă deșală
Și curg de-atâta nădușeală
Păcatele-mi nevinovate
      Cine s-ar fi gândit vreodată
Că mult-iubitele-mi odoare
Se vor uni să mă omoare
Cu lumea lor transfigurată ?

SINUCIGAŞUL

    El bate-ntruna cuie la sicrie
Şi se-amăgeşte că poeme scrie
Tot dă cu clei ca să lipeasc-o poză
Şi e încredinţat că scrie proză
    El tot îndrugă otova cuvinte
Convins că lumea o să-l ţină minte
Înşiră fraze fără cap şi coadă
Cuvintele le-nnoadă şi desnoadă
Într-un total dezmăţ de aiurare
Fălindu-se că-n lume seamăn n-are
    Cu-o voluptate stranie s-alintă
Şi nu-ncetează singur să semintă
C-aşa e moda în prostologie
C-aşa e cool şi trebuie să fie
    Fără să-şi pună întrebări stupide
De bună voie el se sinucide.

♦♦♦

CA SĂRITORUL LA TRAPEZ

    Să fie un boicot tacit şi ferm
Din partea editorilor curtaţi
Să-mi scoată cărţi, c-aş fi un pachiderm
Cum prea puţini mai suntără-n Carpaţi ?
    Să fie un refuz din partea lor
Pentru că tot insist să le trimit
Produse fără nici un viitor
De mine însumi veşnic amăgit ?
    Nu ştiu ce-o fi şi ce s-a întâmplat
De nu le mai prezint vreun interes
Şi-mi plâng pe umăr, singur şi uitat
De breasla către care am purces
    Şi n-are rost să mai reiterez
Demersurile ce le-am întreprins.
Voi fi ca săritorul la trapez
Ce, fără plasă, va cădea învins.

♦♦♦

NOSTALGICĂ

     Când eram eu tânăr și înamorat
-Terrian luceafăr cu sclipiri divine-
Stele carpatine mă slujeau la pat
Ca pe dumnezeul ce le întreține
     Când eram eu tânăr, Doamne, și visam
Să-mi găsesc în lume calea către Tine
Nu știu cum se face, dar un bairam
Nu se putea face, Doamne, fără mine
     Câte boroboațe nu voi fi făcut
Etalându-mi șarmul care să-nfioare
Doar să fiu eu Cel Mai și neîntrecut,
Răsfățatul dandy între domnișoare
     Când eram eu tânăr, nimeni nu era
Temerar și mândru și frumos ca mine
Toată mahalaua mă îmbrățișa
Să-i păstrez haramul și s-o pot susține

  Fetele din gașcă mă îmbrățișau
Și-mi cerșeau iubirea cu o neprihană
Înduioșătoare, numai să le dau
Nobila-mi atenție ca pe-o dulce rană
  D-apăi câte brave ciute nașparlii
Nu mi-au dat tributul lor ca unui fante
Care le aduce-atâtea bucurii
În postura sacră de fidele-amante
  ...Fost-am o podoabă super, sans rival,
Cu o tinerețe abracadabrantă.
Ce păcat că totul pare ireal
Ca o nălucire cu o parapantă.

DE-AR FI SĂ MĂ EXPRIM...

    De-ar fi să mă exprim direct şi franc
Ca ultimul cinstit amărăştean
Lovind un punct ochit exact la ţanc
Ca un topor ce sparge un buştean
    De-ar fi ca adevărul să mi-l spun
Nereţinut de nimeni şi nimic
Cu riscul de a fi crezut nebun
Considerat o zdreanţă de nimic
    Aş declama că lumea s-a smintit
Că diavolul întrânsa a intrat
Şi tot ce face e un nesfârşit
De crime într-un mod deliberat
    Aş spune că în ţărişoara mea

Unde urgia-n slavă a ajuns
Şi şobomanii încă ar mai vrea
Să aibă un destin de nepătruns
      Nimic nu se mai poate îndrepta
Fără morală, mijlocul suprem,
Macazul să ne poată preschimba
Construcţia întregului sistem
      Aş spune că, lipsiţi de Dumnezeu,
Doar demonii în noi îşi fac de cap
Şi chiar de e ne-nchipuit de greu
Crezând în El, s-ar mai putea să scap
      De-aş fi necruţător să mă exprim
Ca-ndrăgostit necondiţionat
Aş spune c-adevărul mi-i sublim
Şi-i musai, e vital a fi urmat.

♦♦♦

ŞI CONDAMNABIL OBICEI

      Ai învăţat şi tu să dai cu zula
Crezând că de-s bunic, totu-i OK
Dar nici visând c-o să rămâi cu sula
Descoperit când fi-vei de femei
      Urîtă treabă mai făcuşi, băiete,
Umblându-mi ca un hoţ în portofel
Isprava asta, de-o să se repete,
Pedeapsa vine fără drept de-apel
      Vei fi exclus din tabăra cinstită
Şi nici un credit nu vei mai avea
Căci, dependent de-asemenea ispită,
Tu singur îţi vei face viaţa grea
      Că brânza bună în burduf de câine
Nu are căutare nicidecum
Şi ce faci astăzi, regreta-vei mâine
Tot rătăcind pe deraiatu-ţi drum
      Opreşte-te şi judecă de-ndată
Cum e mai bine, totuşi, de făcut
Relaţia să meargă ca pe roată
Ştergându-ţi-se pata din trecut.

CENTENARUL MARII UNIRI
-acrostih-

      Cum trece vremea- nici nu te aştepţi!-
E-un adevăr acreditat statistic
Nu izbutesc decât cei buni şi drepţi
Tocmai de-aceea cred precum un mistic
      Evenimentele ce-au fost şi sunt
Ne-au pus în situaţii singulare
Aş spune că puţine pe pământ
Rezistă în simţiri şi-n calendare
      Unirea într-o ţară şi-un popor
Le-a surclasat pe cele dinainte
Mă minunez şi-acum şi mă-nfior
Aproape că rămân fără cuvinte
      Români de-aceeaşi limbă, într-un glas,
Integri, iubitori de libertate
Intrând în Alba Iulia au tras
Un clopot sfânt ce veci de veci va bate
      Ne-am reunit ca ţară şi popor
Independent şi suveran în lume
Rostind acelaşi unic adevăr
Iubirea, cea ce ştie să ne-ndrume.

♦♦♦

SPRE ÎNCUNUNAREA VIEȚII

    După ce o viață-ntreagă ca un greier am cântat
Proslăvind acest miracol cu atâta-nfrigurare
Și crezând că existența este cel mai minunat
Creuzet al devenirii-n moduri extraordinare
    După ce mi-am dat silința visele să-mi împlinesc
Și s-ajung acolo unde numai omul e în stare
Onorându-mi astfel clipa și-ntreg neamul omenesc
Cu prezența-mi implicată dovedind acreditare
    După ce prin tot bilanțul cu fervoare împlinit
Faptele o demonstrează cu asupra de măsură
Că am acceptat viața cu tragismu-i infinit
Nelăsând să se-ntrevadă depresivă vreo fisură
    Cum aș mai putea acuma, în momente de final
Să privesc și chiar să judec dintr-o altă perspectivă
Înfierând cu necruțare omenescul carnaval,
Ce-aș realiza prin asta, mie însumi împotrivă ?
    Că există sau, din contră, nu există Creator
Prea puțină relevanță are asta pentru mine
Câtă vreme doar prin luptă nobilă va fi să mor
Spre încununarea vieții fascinante și divine.

♦♦♦

PENTRU MERITE EXCEPȚIONALE

 Specialiștii-n gafe repetate
Precum și-ntr-un limbaj neadecvat
Au stabilit în unanimitate
Un titlu ce n-a fost revendicat
  Formând o Uniune Mondială
A celor mai de soi neisprăviți
A și lansat, lipsită de sfială,
Distincția pe care o priviți
  Și siderați rămâneți o clipită
Ca să vă reveniți imediat
„Doctor Honoris Causa" merită
Și cel mai cel și ne-ntrecut ratat
  Așa că am primit cu bucurie
Distincția ce mi s-a acordat
„Doctor Magister în Prostologie"
Cu lauri verzi fiind încununat
  Să nu mai spună nimeni că-ntr-o viață
Nu voi fi fost în stare de nimic.
Prostia e un d(h)ar ce nu se-nvață
Iar eu o reprezint încă de mic.

ORGOLIU FIRESC

   De ce l-aş surclasa pe D.D.Roşca
Pe-Angela Marinescu, -cum şi cât-
S-ar supăra Ileana Mălăncioiu
De-atât tragism şi dramatism pârît
Cum să-mi priască, Doamne, vreo bravadă
Cu Mircea Eliade, cu Cioran
Şi chiar cu Eugen Ionesco
N-aş apărea precum un bolovan?
   Şi cum m-aş da reformator lingvistic
Precum Nichita, Nina Cassian
Sau alt împătimit profan sau mistic
Nu s-ar vedea că sunt un grobian?
   De ce n-aş fi chiar eu, la o adică,
Aşa cum Creatorul s-a-ndurat
Distinsul Diamant ce nu se strică
Şi, recte, un poet adevărat
   Nu numai Dosto, Gabo sau un altul
Ne reprezintă-n Marele Concert
De inspiraţi răsună tot înaltul
Şi, chiar de-s mai firavi, eu tot îi iert.

IMPOSIBILA IUBIRE

       De la spermato la bosonii Higgs
Se îmbulzesc pe-o gamă infinită
Să mă întreacă-n drumul către tine
Mă mistui, ard şi mi se face frig
Mă-mbrăţişează Moartea, mă incită
Nimic şi nicăieri nu mă reţine
          Chemarea noastră este reciprocă
Fantastică-i atracţia-ntre noi
Şi nu există forţe opozante
Iubirea împietririle dislocă
Şi îşi revarsă febrele şuvoi
În dulci reverberări mirobolante
          Şi, totuşi, un obstacol anonim
Inextricabil şi ilariant
Zădărniceşte întâlnirea noastră
Ca noi, neîmpăcaţi, să bântuim
Ameninţaţi perpetuu de neant
Şi-n veci rătăcitori prin zarea-albastră.
    ♦♦♦

O MARE PROVOCARE

Provoc la luptă cruntă, ca o fiară
Societatea noastră din Carpați
Ce se dă mare, turuie și zbiară
Că face, drege și, vă minunați,
Nu poate să accepte că-i ratată
Și tot ce face-i doar un mare fâs
Că România noastră de arată
Mai mult ca un deșert, cu josu-n sus
Doar ei și numai ei se datorează
Doar ea o tot transformă-ntr-un deșert
Și nu văd nicio inimă vitează
Ceva să schimbe, ca să pot s-o iert
        Prostimea noastră extraordinară
În garagață, bârfe și ho(be)ții
Se bate-n piept, devine foc și pară
Când o divulgi și nu vrei s-o susții

E ca o Congregație Secretă
A Mediocrității în atac
Și nicio boroboață nu regretă
Din raiul mioritic geto-dac
      De-aceea o provoc, fără rușine,
Și, de ce nu, cu prea puțin respect
Atâta cât respectul pentru sine
E cel mai reprobabil subiect
Societatea ar putea să facă
Mai bine și mai mult decât și-a zis
Doar dacă s-ar reactiva și dacă
Ar urmări un ideal, un vis.
      ♦♦♦

SERENITATE

    Ca un nabab, - pe inverse, baban-
Mă simt în pielea mea de expirat
Chiar dacă nu mai merg la vreun chiolhan
Şi, nici atât, în Mall, la cumpărat.
    Deşi sunt sănătos şi nu mă plâng
Nu-nseamnă că nu sufăr, dar îndur
Cu resemnare, ca un cuc în crâng,
Tânjind după un suflet cald şi pur
    Altminteri, ţinând cont cât am trăit
Şi m-am peregrinat pe-acest pământ
Pot afirma că sunt un fericit
Pe care nicio hibă nu l-a frânt
    Mă-ncurajez şi eu cu Cel de Sus
Care se-ndură şi-ncă nu mă vrea (ia)
Şi mă tot rog, când am ceva de spus,
Să o pot face, după voia mea.

PIERDUT ÎN KAKANIA

      Pur şi simplu nu mă descurc
În această Kakanie
Nu pentru c-aş fi un turc
Sau vreo altă jiganie
Nu pentru c-aş fi un neghiob
Sau un neispravit
Ci pentru că n-am un job
Şi nici nu m-am învârtit
Ca tipii oportunişti
Ce-mpestriţează peisajul
Şi-l fac de nedescifrat
Ci pentru că n-am avut curajul
Suficient să mă bat
Cu ticăloşii, hulpavii
Şi infractorii ce fac
Tot ce le stă în putinţă

Ca să ne vină de hac.
      Pur și simplu, de necrezut,
Asist la un straniu coșmar
În care sunt prefăcut
În propriul trudnic gropar
Doar pentru c-am tolerat
Să fiu păcălit și-aburit
De șmecherul gulerat
Cu un tupeu infinit.

PSALM DE CENTENAR

        Doamne, Dumnezeul nostru,
Cel Veşnic Binecuvântat şi Prigonit
Fii bun şi-ascultă-mi ruga către Tine
În acest ceas de cumpănă, atât de greu
        Pierduţi în propria nimicnicie
Ca o profuzie de gâze foşgăind
Ne-nghite Malstromul fetid şi ne asfixiază
Miasmele cotropitor duhnind
Fără putinţa de a ne salva
        Vezi-ne, Doamne, Tu cu mila Ta
Şi-ntâmpină păcatul omenirii
Cu Judecata Ta de Creator
Scufundă, Doamne, în eternitate
Tot răul ce se-nvolbură în noi
 Şi toată pizma şi netrebnicia
        E ceasul când dorim să ne mândrim
Şi nu avem cu ce şi nici cu cine
Atât de răi şi păcătoşi fiind
Doar mila Ta ne-ar mai deschide ochii
Prin smârcurile nopţii să-nnotăm
Spre un liman de pace şi lumină
        Fii, Doamne, bun şi lumea înseninä !

NOI EXISTĂM SAU NU

    Noi existăm doar cât ne facem jocul
Ne implicăm în el și ne-mplinim
Doar în măsura cât ne unim norocul
Cu spiritul de jertfă anonim
    Noi suntem rodul exprimării noastre
În straniul context universal
Trecând peste urgii , peste dezastre
În marșul infinit și triumfal
    Înaintând, noi nu avem ce pierde
Decât banala mână de pământ
Transfigurați în veșnic codrul verde
Al celor dintre noi ce nu mai sunt
    Cu existența noastră exprimată
Plenar, într-un registru infinit
Facem ca universul să străbată
Un nou traseu, cum nu s-a pomenit
    Și astfel conferim trăirii noastre
Dimensiuni de neimaginat
Cu toate galaxiile de astre
Posibile, ce ne-au asimilat

♦♦♦

O SPECIE RARĂ

    Ne încercăm curaju-n chip şi fel
Recurgem la tot felul de extreme
Să dovedim că-n vastul carusel
Noi nu avem motive de-a ne teme
    Cu muşchii încordaţi, înfăptuim
Figuri prăpăstioase şi mortale
Prilejuind extazul unanim
Şi deschizând o inedită cale
    Ne provocăm puterea-n fel şi chip
Şi ne autodepăşim în forţă
Ingeniozitatea-i un tertip
Ce propulsează omul ca pe-o torţă
    Triumfători, ne minunăm de noi
Şi performanţele realizate
Sperând că-n invizibilul război
Se va vedea cine-a avut dreptate
    Eşecurile sunt de lepădat
În groapa de gunoi a omenirii
Încredinţaţi că Cel Ce Ne-a Creat
Îşi preţuieşte mirii şi martirii.
    ♦♦♦

CONGREGAȚIA IUBIRII

    Cu Orwell bântui parc-am fi de-o seamă
Cu Kafka nu mă satur să discut
Dar Dosto, Gabo și-alți afini mă cheamă
La varii confruntări, de rămân mut
    Fac front comun și, Doamne, mult îmi place
Cu conaționalii să petrec
Indiferent că sunt la patru ace
Sau amărâți ca ultimul metec
    Preieteni mi-am făcut în lumea-ntreagă
Să conlucrăm și să ne sfătuim
Dar țărișoara-mi este mult prea dragă
Să nu vibrez cu chipu-i anonim
    Mi-e sufletul prea larg, să nu cuprindă
Întreg aliotmanul omenesc
Dar, curios, privindu-mă-n oglindă
Nu pot decât o parte să iubesc
    Formăm o uniune planetară
De mari entuziaști și luptători
Că este imposibil să n-apară
O lume-n care-ar fi păcat să mori.

◆◆◆

ÎNCUNUNAREA UNUI VIS

    Nu ştiu dacă e rău sau bine
Ori dacă-n cazul tău se poate
Dar eu declar fără ruşine
Prin tine le-am iubit pe toate
    Fiind expresia deplină
A frumuseţii întrupate
Mă înfruptam ca o felină
Din nurii tăi, cu voluptate
    Dar nu atât îmbrăţişarea
Îmi producea orgasme mie
Cât ochii tăi adânci ca marea
Şi-albaştri ca o veşnicie
    Nebun mă scufundam în tine
Ca-n universul plin de stele
Văzând chemările divine
Adeverindu-se prin ele
    Iubito, dulcea fuziune
Halucinantă şi totală
A fost menită să-ncunune
O Traiectorie Regală.

♦♦♦

UN MADRIGAL DE CENTENAR

O ţară ca a noastră nu este pe pământ
Frumoasă şi bogată şi binecuvântată
Şi e o fericire că-n ea exist şi cânt
Oricâte vremuri tulburi ar fi să o străbată
  Formată prin unirea întregului popor
Vorbind aceeaşi limbă-n credinţa lui creştină
Îşi pregăteşte-n pace un falnic viitor
Prin sângele-i curgându-i lumină din lumină
  Puternică şi mândră în timp s-a afirmat
În cuget şi simţire fiind un monolit
Unirea şi iubirea o poartă ne-ncetat
Sub steagul demnităţii prin luptă cucerit
  O, Ţara mea, ferice de copilaşii tăi
Pe care-i strângi la sânu-ţi şi cei ce se vor naşte
Nicicând n-o să te siluie cei hulpavi şi răi
Grădina Maicii Domnului te vor recunoaşte.

♦♦♦

MESAJ DE SUFLET ȚĂRII MELE

Dulce Românie, maica mea divină,
Obstrucționată de tâlhari și hoți
Toată ființarea azi ți se înclină
Și te-ncurajează Luptă, hai că poți !
Dulce Românie, unică sub soare,
Strălucind mirific ca o mândră stea
Tragedia-n care azi te zbați ne doare
Și ne face viața încă și mai grea
      Maica mea, cu-atâta har și frumusețe
Revărsând pe plaiuri splendide comori
Ai încins atâtea haite hrăpărețe
Renăscând ca Phenix de atâtea ori
      Domnul e cu tine, maică preacurată,
Neîngenuncheată de cei mari și tari
Nu te va răpune nimeni, niciodată
Cât ți-or fi copiii bravi și solidari
      Mi se umple sufletul de bucurie
Când îți văd în lume chipul luminând
Fie ca iubirea veșnic să ne fie
Portdrapelu-n lupta pentr vis și gând.

♦♦♦

A M I N

    AM INteresul doar să te alin
AM INtonat un cântec de amor
AM INtrodus şi-un fir de rosmarin
AM INtensificat orice fior
        AM INiţiativa şi-o menţin
AM INima ca un vulcan aprins
AM INhalat parfumul tău divin
AM INspirat adânc când te-am cuprins
        AM INamici pe care îi ignor
AM INcredibili fani şi-un rar destin
AM INedite cântece de dor
AM INspirat atâţi emuli. AMIN !

♦♦♦

SENTIMENTALĂ

    De un tragism imens, insuportabil
Sunt versurile Dorului Dăncuş
Ca seceta pe un pământ arabil
Ca moartea survenită pe-un urcuş
    Acest mara-viştean e-un bun confrate
Şi un prieten nemaipomenit
În toată poezia lui străbate
Iubirea pentru cel neomenit
    De câte ori, ajuns la ananghie
Acest târgo-reşean m-a ajutat
O, fir-ar fericirea lui să fie
Cel mai de seamă bun realizat
    De-o fi ca nu prea mulţi să îi admire
Poemele de un tragism sublim
Să aibă parte numai de iubire
Şi tonusul pe care il dorim.
♦♦♦

AVERTISMENT SUB SEMNUL ÎNTREBĂRII

    Când cyborgii, roboții ca-ntr-un delir se nasc
Cine-l mai ia în seamă pe mister Elon Musk
Ce ne avertizează că lumea o să piară
Dacă nu-și controlează destinul solidară ?
    Acestei eminențe nu-i arde de glumit
Spunând că nu-i departe momentul potrivit
Când va pleca pe Marte, o spune prompt și clar,
Dar cine să-l ia-n seamă pe-acest vizionar ?
    În goana scelerată după un nou profit
Magnații se îmbată cu ce au reușit(cucerit)
Și sume fabuloase-n proiecte investesc
Cu riscul de-a ucide tot neamul omenesc
    Sindromul paranoic nu poate fi răpus
Acționează-n forță și este mai presus
De orice încercare de a fi stăvilit
Iar lumii, în pericol de moarte,-i dă cu flit
    Aceasta e demența la gradul ei suprem
De care avem parte și, îngrozit, mă tem
Că geniul nu are în fața ei succes.
Păcat de omenirea ce drumul și-a ales !
    ♦♦♦

IMPERATIVA MEA CHEMARE

Fârtați români, trăim o clipă rară !
Veniți la celebrarea centenară
Cu tot prinosul ce vă stă în fire
Să arătăm iubire din iubire
        Concetățeni, lăsați-vă acasă
Bulendrele, festinul să ne iasă
Ca, pe vecie, clipa să rămână
Unică pentru nația română
        Faceți ca în aceste clipe rare
Să demonstrați că soarele răsare
Dumnezeiesc pe culmea carpatină
Iradiind lumină din lumină.

INCREDIBIL, DUREROS LAMENTO

      Mi-e imposibil, Doamne, să-nțeleg
Cum am putut rămâne om întreg
Atât amar de timp cât mi-a lipsit
Femeia, cea mai bună de iubit
      Mi-e imposibil să mă dumiresc
Cum de-n periplul meu donquijotesc
Cu-o Dulcinee nu m-am pricopsit
Să fi fost eu așa neisprăvit ?
      Că misogin sau homo eu n-am fost
Nici pederastul unic pe pământ
Și nici vreun altfel de sanchiu pervers
Ce nu-și găsește locu-n univers
      Numai Tu, Doamne, Bunule iubit
Știi bine cât de mult am suferit

Şi încă sufăr, tot nealinat
Cu ce-m greşit, sunt, oare, blestemat ?
  N-am fost un ticălos violator
Nu mi-am bătut soţia-n dormitor
Am fost un delicat şi bun amant
În devenirea mea de Diamant
    Şi, totuşi, Doamne, singur am rămas
Precum o biată gloabă de pripas
De mă uimesc, mă rog şi mă închin
Redevenind novice şi virgin
    Femeia, bat-o vina, nu m-a vrut
Nici când am fost în stare şi-am putut
Ea neştiind, cu-atâţi colindători,
Că de iubire, Doamne, poţi să mori
    Nu-mi pot răspunde, cum de-am rezistat
Ca un cadavru viu, neconsolat
Cu mierea-n faţă, să nu guşti din ea
Nu pot concepe, gaia să mă ia !
    Doar visurile, încă, mi-au rămas
Dar, ce folos, e-un cântec fără glas
Şi fără consistenţă, un rebut
Al unui luptător de mult pierdut
    Că şi acuma, iată, în amurg
Doar ce le văd şi balele îmi curg
Şi nu mai ştiu de mult şi am uitat
Ce-nseamnă o femeie c-un bărbat.

♦♦♦

RECONSIDERARE

A fost odată un bucovinean
Născut întrun oraş transilvănean
Ce-a devenit istoric(critic) literar
Interesant şi nelipsit de har
    Acest fanatic cerber exaltat
Scriind un op parşiv şi deplasat
M-a aruncat la groapa cu gunoi
Vezi doamne, c-aş fi fost nedemn de voi
    Oportunist sadea s-a învârtit
Atât de inspirat şi iscusit
Încât, la bătrâneţe, a ajuns
Ca un nabab, cu toate alea uns
    Ei bine, onorabilul, a fost
Cum nu credeam de combativ, pe-un post
Cu politicienii numeroşi
Inculţi şi agramaţi şi ticăloşi
    A fost de-ajuns, cum eu mă ştiu un lord,
Anume circumstanţe să-i acord
Deşi…păcat…în amintirea mea
Rămâne tot acelaşi…o lichea.

SUPRAVIEȚUIRE

  Izbit de fenomenele extreme
Ce-atât de alarmant s-au înmulțit
Încât ar fi absurd a nu te teme
Firesc era să explodez subit
   În orice clipă soarta mea precară
Se poate încheia instantaneu
Angoasa ca și stresul mă doboară
Încet și sigur și atât de greu
   O deprimare cruntă mă apasă
Ca un pietroi de lespede enorm
Mi-e tot mai greu să viețuiesc în casă
Și-aproape imposibil să mai dorm
   Și, totuși, văd cu spaimă și mirare
Cum zilele se-nșiruie și curg
Cu tot ce naște și cu tot ce moare
De parc-aș fi un bun taumaturg
   Și bombardat constant și-n permanență
De-atâtea informații, nu dispar
Ca ocrotit de-o tainică prezență
În care cred, umil și temerar.

   ♦♦♦

DE RÂSUL CURCILOR

      Știți bine că, surprins la cotitură
De apetitul vostru, am cedat
Și, de atunci, cocoașa mea îndură
O apăsare greu de suportat
      Plătind facturi în fiecare lună
Din tolba unei pensii de rahat
În contul meu un mai nimic s-adună
Să credeți că aș fi asigurat
      Gândirea voastră, vai, ce imatură
Va fi crezând că banii-i irosesc
Pe kilometri de maculatură
În modul meu stupid, donquijotesc
      Dar vă-nșelați cum nici nu puteți crede
Eu prea puțin pe cărți am cheltuit
În rest, amărăștean, precum se vede
Am fost, cum și acum sunt un falit

Degeaba m-acuzați pe neștiute
Când rar de mi-am permis câte-un covrig
Puteți voi spune vrute și nevrute
Eu știu ca nimeni ce am în cârlig
      Iar de mă lamentez că nu-s în stare
Ca să-mi repar dantura sau nu pot
Să fac o cheltuială oarecare
O fac de-amărăștean, nu idiot
      De când, pândind, m-ați prins la cotitură
Și-ați câștigat, nu mi-am mai revenit
Dar nu credeți cocoașa-mi cât îndură
Că-s un pârlit cum rar s-a pomenit.

♦♦♦

MESAJ DE SUFLET

    Iubiții mei confrați de pretutindeni
Iubindu-vă, eu vă mulțam frumos
Nu pentru c-ar fi ziua de Armindeni
Ci că-n curând se naște Domn Hristos
    El n-a cerut nimic și de la nimeni
A acceptat să moară-ntre tâlhari
Doar răspândind iubire între semeni
Dorind să se-nfrățescă, solidari
    Iubiți confrați, această sărbătoare
Ne fie garanția că-L cinstim
Oriunde ne-am găsi, pe Cel Ce Moare
Mai buni, mai drepți și mai uniți să fim
    N-am cunoscut un alt erou mai mare
Și iubitor de oameni pe pământ
Și nici că va mai fi-n continuare
De-aceea, cu smerenie îl cânt..

CAM DUS CU PLUTA

(NU-I PREA MULT SPUS ?)

        Mă lupt şi scriu, supravegheat de Parce,
Sperând că-n clipa când m-oi reîntoarce-n
Profuzia de pulbere stelară
Evenimentul pur va să apară
Fosforescent, cu-o luminozitate
Ce infinite spaţii va străbate
        Doar când visez momentul ce-o să fie
Transfigurat de-atâta poezie
Mă tulbură o febră ce scânteie
După etern pierduta-mi Dulcinee
Şi nu mai ştiu de voi fi fost vreodată
O-ntruchipare-atât de-nfrigurată
        Acesta e momentul ce desparte
Un vis etern de propria mea moarte
Şi pentru el mi-aş da viaţa toată
Pentru-o poveste cum n-a fost vreodată
Şi nici nu ştiu dacă o să mai fie
Un altu-n infinita poezie.

♦♦♦

RETORICĂ

    Cine nu scrie astăzi poezie ?
Retorică-ntrebare pot să pun
Căci orice muritor ar vrea să fie
Poetul, Trubadurul sau Tribun
        Ai, n-ai talent nicicum de la natură
Îi dai cu versul, că-i uşor să-l faci,
Iar pagina-i clementă şi îndură
Povara legiunilor de daci
        Astfel că poezia sacrosanctă
Batjocorită dur, în chip şi fel,
Cu proza se confundă, ca amantă
A oricărui friabil şi rebel

  Și-n loc să cucerească, să seducă
Și să-nfioare sufletul, vibrând,
Alungă cititorul și, caducă,
Dispare parcă n-ar fi fost nicicând
  Atâta energie irosită
În modul cel mai jalnic și stupid
Mă siderează crunt și mă irită
Până la gândul să mă sinucid
  Norocul meu, umblând prin codrul verde,
E că-mi revin din rătăciri instant
Și, conștient de câte s-ar mai pierde,
Continui și semnez cu Diamant
  Poate că am norocul…cine știe,
Având acces la visul ce-am visat
Să dăinui suveran în poezie
De suflete fiind îmbrățișat.

  ♦♦♦

PARADOXALĂ

Nimic nu mă mai miră, din păcate,
Dar, ce ciudat, uimirea mă străbate
Și-oricât de sictirit, mofluz și rece
În sufletu-mi nu știu ce se petrece
Că mă trezesc îndrăgostit de toate
Minunile, când, vai, nu se mai poate
Dansa, cânta, iubi cu-nfrigurare
O, Doamne, ce cumplită-ndurerare
În plin miracol, umbra ta să fie
Doar o fantasmă șleampătă, pustie
    Mă-ntreb, dacă nimic nu mă mai miră
Cum se ivește cântecu-mi de liră
Ce straniu fenomen se mai petrece
De nu rămân și eu la toate rece ?
Pesemne că iubirea mă înșală
Viața făcându-mi-o paradoxală.
♦♦♦

RĂVAŞ DE SUFLET

*Amărăşteanului planetar
bunului meu prieten
Aleexandru Cetăţeanu*

    Ferice de mata, amărăştene,
C-atâta de departe ai ajuns
Prin propriile forţe şi antene
Ce mie mi-au rămas de nepătruns
    Ferice de mata că ai o viaţă
Frumoasă, demnă de invidiat,
Cu-atâtea aventuri ce te răsfaţă
Cu-atâţi confraţi ce ţi-ai apropiat
    Te urmăresc şi nu-mi vine a crede
Că tot traseul tău este real
Că te-ar invidia şi-un Arhimede
Cum ai ştiut să fii mereu pe val

  Eu, tot amărăștean, dar nu ca tine
Sunt mândru pentru tot ceea ce faci
În spiritul credinței carpatine
Cu bravii săi feciori romano-daci
  La cumpănă de ani, când lumea moare
De-atât desfrâu cu fade desfătări
Eu simt nevoia, dragă frățioare,
Să-ți fac urări de vis din depărtări
  Prin tot ce faci, dacă sfințești pământul
Din care-ai răsărit și te-a crescut,
Eu mă mândresc cu tine și cuvântul
Ce gloria mi-o dă să mor pe scut.

◆◆◆

UN VIS AMAR

      În jurul mesei încăpătoare
Cu mic cu mare, cam înghesuiți,
Așteptam să ni se umple paharele
      Mi-a sosit și mie rândul
Cine credeți că-mi turna în pahar
Însuși maestrul Rebengiuc
Care avea grijă de toți.
      Nu știu cum am făcut
Că paharul s-a răsturnat pe masă
Și tot conținutul s-a risipit
Iar eu, sictirit, tot arătam cu degetul
Doar m-o vedea paharnicul
      La un moment dat m-a văzut
Și-mpăciuitor mi-a făcut semn
Că nu-i nimic, totul se rezolvă.
      Dar eu mă strofocam
Și tot împingeam cu degetul
În băltoaca de pe masă
Ca să se vadă că dezastrul era evident
      Dar paharul nu se mai umplea
Și mă trezeam buimac și mofluz
În singurătatea mea.

♦♦♦

VEȘNICEI MELE ADORATE

    Nu mi-e atât de mine că mă duc
Acolo unde-i liniște și pace
Și nu mai este singur nici un cuc
Și nu mai fugi de fiarele rapace
    Nu-mi fac probleme , Emily, că n-am
Să mai recurg la gesturi disperate
Sau c-o să-mi cadă frunza de pe ram
Rostogolind-o vântul care bate
    Nu-mi pare rău că și eu o să plec
Și nimeni n-o să plângă după mine
Atâta vreme cât e un eșec
Parcursul spre colinele divine
    Mă doare că în urmă o să las
Atâta suferință și durere
Și n-o să se mai poată să dau glas
Chemării ce-n lumina ei mă cere
    Mi-e teamă, Emily, că rezonez
Cu rana ta în veci nevindecată
Și va să fiu un înger maidanez
Nefericit, cum n-am fost eu vreodată.

CINE MĂ JUDECĂ

      Pe zi ce trece viața mea devine
Tot mai nefericită, tot mai grea.
De pretutindeni tabără pe mine
Progenitura care nu mă vrea
      Risipa de poeme ne-mplinite
Ce suferă-n deplin anonimat
E-n stare dintrodată să mă-ngroape
Că le-am creat și le-am abandonat
      Le văd cum sar asupra-mi, disperate
De un destin atât de nemilos
Și pretinzându-mi să le dau dreptate
Că m-am purtat precum un ticălos
      Degeaba motivez cu explicații

Şi cu justificări de reprobat
Că urlă de cutremură Carpaţii
Şi mă acuză că le-am înşelat
  O, Doamne, cin' m-a pus să scot în lume
Asemenea produse de prisos
Ce n-au putere soarta să-şi asume
Şi zilele-mi împrăştie pe jos
  Ai milă, Doamne, şi-mi rămâi aproape
Cât pe aici mai am de suferit
Că fiii tot încearcă să mă-ngroape
Chiar înainte de fi murit.

♦♦♦

UN AN NOU, CU BINE

      Ce ne mai îmbătăm cu apă rece
Când vine un an nou şi altul trece !
Ce ne mai place să ne dăm în stambă
Cu-atâtea silicoane de haram, bă !
La prostioare nimeni nu ne-ntrece
Când unul fură şi-l aclamă zece !
Ne aburim şi ne-ameţim cu toate
Licorile din malluri expirate
Ne facem praf cu vin de buturugă
Cu zaibărul ne prăbuşim în strugă
Şi, afumaţi de-atâtea fabricate,
Orbecăim şi tot cădem pe spate
      Dar Anul Nou nu are-aemănare
Cu toţii-l aşteptăm, cu mic şi mare,
Făcându-ne iluzii c-o să fie

Mai luminos şi plin de bucurie
     Şi-apoi, de ce n-am crede în mai bine
Că nu ne costă treaba cum devine
Şi, cum speranţa-i ultima ce moare,
E de-nţeles această sărbătoare
     Că, de aici şi până la...departe
Ne săturăm de-atâtea boli şi moarte
Rămâne o dilemă păcătoasă
Pentru acei ce vor să o descoasă
     Aşa că, LA MULŢI ANI; CU FERICIRE,
Iar cui nu-i place, ducă-se-n neştire
Cum s-au mai dus atîţia ! Ce ne pasă
Când toată lumea zbârnâie focoasă ?

◆◆◆

DIN ALTĂ PERSPECTIVĂ

      N-aş vrea să vă seducă „Cine mă judecă"
Pentru că am şi versuri care mă reprezintă
Şi, chiar de-s mai puţine, le vezi cum, nude, că
Triumfă şi dansează, grupate-n câte-o quintă
      Furorile stârnite de zveltele făpturi
Nu pot fi adumbrite şi nici anihilate
De forfota de versuri, ce-abia le mai înduri
Când, goale, se avântă să fie-mbrăţişate
      O, Doamne, Tu eşti singurul ce le poţi vedea
Cum, oarbe de mânie, sălbatic se înfruntă
Şi totul se petrece pe socoteala mea
Somat fiind continuu să le gătesc de nuntă
      Iar lumea mă cunoaşte şi ştie ce-am creat
Ce fel de hahalere dau buzna peste mine
Şi numai pretinzându-mi, noroc că, agreat,
Le dau uşor papucii, chiar dacă mi-e ruşine
      Ea poate înţelege, chiar dacă n-o adori,
Şi zilele îţi numeri în grea singurătate
Că e o utopie să vrei numai splendori
Când însuşi Demiurgul e trist de nu mai poate.

♦♦♦

O SUTĂ DE POEME

    „O sută de sonete" de-am strâns cândva-ntr-un op
Acum mă bate gândul, magistru filantrop,
O sută de „Poeme boeme" să ofer
Cu-o binecuvântare-nsoțită de mister
    De-atunci s-au scurs atâtea momente-veșnicii
Pe care, petrecându-le, nici nu le mai știi
Iar eu, ca imbatabil și mândru cronicar
Supranumit și Donchi cel din Dejagaskar
Mă-nvrednicesc ca, nobil, la viață să le-aduc
Cu o plăcere demnă de hombre singur-cuc
Să văd și eu dacă, posibil, împăcat
Pot fi cu toate cele ce am realizat
    Că nimeni nu mi-o cere, o știu, dar nu-i păcat
Aiurea să se piardă un gem articulat
Din cele mai gustoase și dulci păstăi și flori
Pe care-ar fi o crimă și-un risc să le ignori ?
    O sută de poeme la un festin se duc
Cât ai închide ochii, fiind ca un fluștiuc,
Dar ce savoare, Doamne, de știi să savurezi
Și câte rezonanțe în do și fa diezi !
    O sută de poeme citite, ai ghicit,
Măcar pentru o clipă te-ar face fericit.

♦♦♦

SPORTUL MEU EXTREM

    Mă balansez dintr-o extremă-n alta
Cu-o uşurinţă de invidiat
Până şi cavalerii de la Malta
Văzându-mă s-ar fi afiliat
    Chiar dacă operaţia-i mortală
Putând să crezi că mi-am ieşit din minţi
O execut cu graţie şi fală
Exasperându-i doar pe cei cuminţi
    Trăind într-o deplină libertate
Îmi pot permite orice lux, oricând
Cu satisfacţia că pot străbate
Întregul univers de vis şi gând
    Dintr-o extremă-n alta sparg tipare
Şi bulversez inepte inerţii
Cu-o voluptate plină de savoare
Pe care ai putea să o reţii
    Această clipă de eternitate
Eu mi-o petrec în modu-mi singular
Şi nu în van monedă se va bate
Cu M.B.Silu din Dejagaskar.

FANTASTICA ȘI UNICA FINALĂ

    De cel puțin o jumăta' de veac
Lucrez pentru Fantastica Finală
La care-am să prezint, ca bun de leac,
O operă de vis fenomenală
    Condiția-i s-aduc într-un concurs
Heteronimii zămisliți de mine
Indiferent de sângele ce-a curs
Ca să ne-mbrățișăm pe culmi divine
    Așa ceva se-ntâmplă mult prea rar
Un show de care-o lume să se mire
Croit de-un zgubilitic solitar
Dintr-o iubire revărsând iubire
    Nu-i de mirare jocu-atât de strâns
Dintre heteronimi, când fiecare

Va fi dorind a fi de neajuns
În nemaipomenita confruntare.
      În toată „Donchiada" m-am luptat
Cu monştrii şi cu morile de vânt
De dragul Dulcineii. Ce păcat
Că, neînvins, eu nici nu i-am înfrânt
      Dar cum să fie cel mai bun amant
Don Donchi, cel atât de aiurit ?
Aşa c-a devenit un Diamant
Pe care-o lume şi l-ar fi dorit
      Doar că acesta, eclatant şi pur,
În dezacord cu orice compromis
Străfulgeră-ntunericul din jur
Cu un angajament de nedescris
      O, cum se mai cutremură de el
Mamonia- tărâmu-afurisit
Ce nu se potriveşte-n nici un fel
Cu fulgeru-i atât de ascuţit !
      Crepu Scularu, alt heteronim
Nu stă degeaba, este implicat
Acţionând pe frontu-i anonim
Cu trup şi suflet, ca un posedat
      Nici Candid şi Zavera nu lipsesc
Din marea confruntare, fac ce ştiu
Să cureţe pământul strămoşesc
De tot ce-i mizerabil şi pustiu
      Cât despre Mona Ramer, ce să zic,
Face-un tandem atât de inspirat
Doina Baladă, după un tipic
Secret, cu ea mereu a conspirat

   Iar lista nu se-ncheie nicidecum
Că-n forţă-i Planetaru cel vestit
Pe frontul invizibil de acum
Să-şi vadă visu-n care-a investit
   D-apăi cu M.B.Silu-a conlucrat
Intens, cu excelente rezultate,
R.Otomanu – nobilul versat
În Arta-namorării rafinate
   Fantastica Finală-i un proiect
Magnific, fabulos şi inspirat
În care eu m-am implicat direct
Cu lauri să mă văd încununat
   Că o să fiu sau nu câştigător
Rămâne pân-la urmă de văzut.
Tot ce contează e că n-o să mor
Ca un amărăştean necunoscut.

   ♦♦♦

ȘTIRI NELINIȘTITOARE

    Zece seisme-n Marea Neagră,
Nu e o veste prea plăcută.
Mai bine iau înc-o viagră,
Ca să te văd satisfăcută.
    Zece cutremure deodată-n
Același loc, nu e de bine.
Mai bine-o facem înc-odată,
'nainte ca să ne termine.
    Om fi tărâm cu risc seismic
Mai ridicat ca-n altă parte
Dar, nici așa, ca un bicisnic
Să-nchei cutremurat de moarte.
    ♦♦♦

CĂTRE FINALĂ

    Finala către care mă îndrept
Cu toate forțele mobilizate
Nu poate fi doar un proiect inept
Atâta timp cât visele-mi străbate
    E o finală cum n-ați mai văzut
Ce reunește „n" necunoscute
Într-un spectacol demn de cunoscut
ȘI cu surprize faine și plăcute
    Pentru că-n scopul ei am investit
Tot fondul meu de suflet și simțire
Și nu concep un om îndreptățit
Să n-o îmbrățișeze și admire
    Spectacolul final va fi un act
Atât de grandios și inedit
Încât surprinzătorul ei impact
Va naște un ecou nemărginit.

♦♦♦

CÂND TOTU-I POEZIE

      Când poezia zburdă-n tot ce mişcă
În aer, în ocean şi pe uscat
Până şi în bătăile cu frişcă
Sau în nefericitul ambuscat
      Când totu-i poezie în natură
Oricât de grosier sau diafan
Şi farmecu-i cuceritor te fură
Lovindu-te în suflet sau timpan
      Când iubiţica ta nu mai rezistă
Şi se repede-n braţe să o strângi
Şi să-i aplici o probă fantezistă
Ce vă ridică pulsul de nătângi
      Ce rost mai are să te lupţi cu versul
Şi să te iroseşti neadecvat
Când cântă şi te cheamă universul
Cu-ntreg poemul ce ţi l-a creat ?

♦♦♦

URARE DE DRUM BUN

Onoratei familii
Mihaela şi Nică Postolea

Am auzit de la o păsărică
Şi am rămas surprins aşa plăcut
Plecaţi în Angliterra, va să zică,
Eu vă urez drum bun şi vă sărut
    Îmbrăţişaţi-o voi pe Mirunica
Din partea mea, bătrânul expirat,
Să ştie c-o iubesc şi că-i unica
Din neamul Vlad ce m-a...electrizat
    Şi nu uitaţi un amănunt de seamă
Daţi Angliterrei caldul meu salut
Căci marele Shakespeare mereu mă cheamă
Să-l onorez cu propriul tribut
    Cât despre voi, simţiţi-vă ca-n Pampas
Ca doi eroi din neamul carpatin
Ce-au reuşit să facă încă un pas
Cutezător spre Spiritul Divin.

♦♦♦

ÎN UNIVERSUL FLORILOR

    Nu-i universul florilor divin ?
Nu e dumnezeiască orice floare ?
Păi cum să nu le-ador şi să devin
Bondarul ce spre ele vrea să zboare ?
    Şi-odată printre ele infiltrat
Ademenit cu-atât parfum şi miere
Cum să mă satur până nu-s tratat
Cu tot ce inimioara beată-mi cere ?
    O, Doamne, dar aş fi un trădător
Cea mai nevrednică întruchipare
Să părăsesc vreo floare şi să zbor
Nepăsător, ştiind precis ce-o doare
    În universul florilor creat
Anume pentru sacra dăruire
Mă simt dator cu tot ce mi s-a dat
De moarte să mă mântui prin iubire.

ÎN COMEDIA LUMII

    În comedia lumii, cu-atâţia dobitoci
Proliferând continuu, cum ai putea să joci,
Cum ai putea rămâne întreg, în pielea ta
Nedepinzând de nimeni, fără a capota
    Cum ai putea freneticei hule să-i rezişti
Neafectat de târfe şi de oportunişti
Şi cum, stăpân pe tine şi neluat de val,
Ai mai avea vreo şansă s-atingi un ideal
    În vaierul fantastic şi de nerespirat
Pe cine să te bizui, să-ţi fie aliat,
Cu cine, pe-o lungime de undă, să dai curs
Atâtor aspiraţii din propriul discurs
    Retorică stupidă şi fără nici un sens
E tot ce spui când dus eşti de vortexul intens
Şi nu există forţă să-l vrea anihilat
În comedia lumii eşti mort când ai intrat.
    ♦♦♦

SENTIMENT

    Dacă prin tot ce fac nimic nu cer
Și sufletu-mi ofer ca pe-o ofrandă
Dacă mă-nalț cu gândul pân-la cer
Iubirea revărsându-mi-o pe bandă
    Dacă mă zbat să dărui tot ce am
Mai valoros, din dragoste curată,
Și nu mă lamentez că-s doar un ram
Din veșnica pădure minunată
    Și dacă-n acest modus, mulțumit
De chipul reflectat, puțin îmi pasă
E cert că nu degeaba am trăit
Și pretutindeni m-oi simți acasă
(Și-ntreaga lume îmi va fi mireasă)

♦♦♦

CULTIVATORUL DE LALELE

    Plantez lalele-n draci, pe unde-mi vine
Că-i tot ce pot să fac și fac ce pot
Ca să rămână, totuși, după mine
Ceva, oricât de vag, ca idiot
    Scot cuiburile multibulbicate
Și răsădesc apoi câte un fir
Prin locurile goale, un'se poate,
Și astfel le cultiv pe rând, în șir.
    Că le plantez acum și nu se știe
Câte se prind și câte mai răsar
E tot ce poate face poezie
Don Pedro, Donchi din Dejagaskar
    Rămâne să vedem la primăvară
Efectul muncii mele de acum
Cine-o trăi, că eu, doar într-o doară
Mai fac câte ceva când umbra sum.

DE CE

      De ce ca un magnet m-atrage patul
Când intru în bârlog şi-n van regret
Că nu îmi aflu tonusul când catu-l
În încercarea de a fi poet
      De ce să trândăvesc atât îmi place
Şi-n ipostaza asta mă complac
De ce ideea morţii nu-mi dă pace
Şi putrezesc ca frunza de pe lac
      De ce nu mă împac nicicum cu mine
Şi-n tot ce întreprind mă suspectez
De ce mă irosesc şi-mi e ruşine
Că semăn cu un câine maidanez
      De ce nu-mi aflu liniştea-n iubire
Şi-oricât iubesc, eu nu mă simt iubit,
De ce nu văd pe nimeni să-mi admire

Ce am realizat și cucerit
    De ce-ntr-o-nșiruire infinită
Tot alte întrebări etern revin
Și viața mea decurge chinuită
Pierzându-mă de Spiritul Divin
    De ce nu pot isca o armonie
Ca pacea sub măslini s-o pot vedea
Și nu mi-i dat ca veșnică să fie
Cu poezia, însăși viața mea ?

♦♦♦

BEŢIA CLIPEI

      Ce prospătură care te irită
Că-i pe tarabă nu e nimerită
Să-ţi dea frisoane şi să urli Este
Fantastică ! în unica poveste
      Ce trufanda vibrând ispititoare
Ce poate mintenaş să te-nfioare
Din somnul inerţiei să te scoată
Nu ţi-ar prii, bucată cu bucată
      A face nazuri, cum că nu se ştie
De corespunde, e-o ipocrizie
Şi doar în caz de boală ţi-ar displace
Savoarea să-i deguşti în bună pace
      Eu recunosc că nu mă simt în stare
Când dau de prospături şi trufandale
Să strâng din nas şi, orb, să mă dau mare
Urându-le că mi-au ieşit în cale
      E prea frumoasă clipa triumfală
Să faci pe arogantu-n strai de gală
Şi spatele să-ntorci când piaţa-i plină
De verzituri ce sufletu-ţi alină.

♦♦♦

CUPRINS

CONFESIUNE 3
MESAJ AMICAL 4
CU BUZELE UMFLATE 6
PSALM 7
VEŞNICA NEDUMERIRE 8
RECULEGERE 9
ROMANTICĂ 10
ARDERE COMPLETĂ 11
BALADA BUNULUI BEŢIV 12
IUBIRE INFINITĂ 13
V I N O V A T 14
HALUCINANTUL UCIGAŞ 15
ANIVERSARĂ 16
UN BOCET DE BALADĂ 18
INOPORTUNA AGRESIVĂ 19
DIN SUFLET 20
INTEROGATIVĂ 22
DE PLÂNS 23
UN IDIOT 24
VIVAT ROMÂNIA MARE 25
SPOVEDANIE 26
DESPERADO 28
PE VIPIA DE FOC 29
RĂZBOIUL INVIZIBIL 30
DE SILĂ ŞI LEHAMITE 31
UN SENTIMENT COPLEŞITOR 33
POETUL DIN SOMN 34
CHEMARE LA LUPTĂ 35
CÂND TOTU-I POSIBIL 37

TIMP TRANZITORIU	38
ALERTĂ	39
MIRACOL	40
A TREIA EPISTOLĂ	41
TRASEU	43
SINCERITATE	44
ÎN CLIPA ASTA	45
OPORTUNITATE	46
ONTOLOGICĂ	47
DECES	48
CONFORTABIL	49
VINOVATUL FĂRĂ VINĂ	50
DE CE NUMAI DECLINUL	51
CREDINŢĂ	52
PARALELISME BIZARE	53
SINDROMUL DE CACAO	54
MINUNEA VIEŢII	55
N-AM CU CINE	56
ANIVERSARĂ	57
MĂ MINUNEZ	58
CREDO	59
SATUL PĂRĂSIT	60
PARTY LA MARE	61
CU UN STROP DE NEBUNIE	63
MASS-MEDIA	64
JURĂMÂNT DE CREDINŢĂ	65
SINDROMUL BUCLUCAŞ	67
VRĂBIUŢA	68
AVERTISMENT DECENT	69
O SITUAŢIE IGNORATĂ	70
RAIUL SĂLBĂTICIUNILOR	71
NELINIŞTE	72
ÎNTREBĂRI ESENŢIALE	74
UN SINDROM PĂGUBOS	75

UN DIALOG INCENDIAR 76
SEDUS DE-O VEŞNICĂ DISPUTĂ 78
R U G Ă C I U N E 79
UN FLUTURE ÎN ZBOR 80
DACĂ MĂ DUCI… 81
POVARA PROPRIEI CREAŢII 82
SINUCIGAŞUL 83
CA SĂRITORUL LA TRAPEZ 84
NOSTALGICĂ 85
DE-AR FI SĂ MĂ EXPRIM… 87
ŞI CONDAMNABIL OBICEI 89
CENTENARUL MARII UNIRI 90
SPRE ÎNCUNUNAREA VIEŢII 91
PENTRU MERITE EXCEPŢIONALE 92
ORGOLIU FIRESC 93
IMPOSIBILA IUBIRE 94
O MARE PROVOCARE 95
SERENITATE 97
PIERDUT ÎN KAKANIA 98
PSALM DE CENTENAR 100
NOI EXISTĂM SAU NU 101
O SPECIE RARĂ 102
CONGREGAŢIA IUBIRII 103
ÎNCUNUNAREA UNUI VIS 104
UN MADRIGAL DE CENTENAR 105
MESAJ DE SUFLET ŢĂRII MELE 106
A M I N 107
SENTIMENTALĂ 108
AVERTISMENT SUB SEMNUL ÎNTREBĂRII 109
IMPERATIVA MEA CHEMARE 110
INCREDIBIL, DUREROS LAMENTO 111
RECONSIDERARE 113
SUPRAVIEŢUIRE 114
DE RÂSUL CURCILOR 115

MESAJ DE SUFLET 117
CAM DUS CU PLUTA..118
   (NU-I PREA MULT SPUS ?) 118
RETORICĂ 119
PARADOXALĂ..121
RĂVAŞ DE SUFLET..122
UN VIS AMAR..124
VEŞNICEI MELE ADORATE.....................................125
CINE MĂ JUDECĂ...126
UN AN NOU, CU BINE..128
DIN ALTĂ PERSPECTIVĂ...130
O SUTĂ DE POEME...131
SPORTUL MEU EXTREM..132
FANTASTICA ŞI UNICA FINALĂ 133
ŞTIRI NELINIŞTITOARE 136
CĂTRE FINALĂ 137
CÂND TOTU-I POEZIE..138
URARE DE DRUM BUN...139
ÎN UNIVERSUL FLORILOR......................................140
ÎN COMEDIA LUMII..141
S E N T I M E N T 142
CULTIVATORUL DE LALELE...................................143
DE CE..144
BEŢIA CLIPEI..146

www.ingramcontent.com/pod-product-compliance
Lightning Source LLC
Chambersburg PA
CBHW061439040426
42450CB00007B/1130